物欲なき世界

菅付雅信

目次

まえがき

欲しいモノがない世界の時代精神を探して

「もう欲しいモノは別にないような気がする」。映画監督のペトリ・ルーッカイネンはそう語る。「モノをこの映画のためにどんどん減らしていって、そしてひとつずつ必要なモノだけを選ぶ作業をしていくときに、実はほとんどのモノがなくてもかまわないということに気づいたんだ。そしてモノに圧迫されていた環境から解放されて、それがすごく幸せに感じた。そう、現代において、消費は一種の中毒であり病気だ」。

フィンランドのヘルシンキにて、自らが一年間一切モノを買わない生活を実践した様子をドキュメンタリーにした映画『365日のシンプルライフ』で主演、監督をしたペトリは、東京での私の取材（二〇一四年六月三日）に応じてこう語った。この映画で彼は、自分のアパートメントのすべてのモノを別の場所の倉庫に移し、そこから毎日一点だけ自宅に持ち帰っていい、食品は買っていいというルールを自分に課し、それを厳格に、かつ楽しみながら実践する模様を伝えている。

もう欲しいモノは特別ない。それは彼だけの実感ではないだろう。私自身がそうだし、多くの人がそう感じつつあるはずだ。食に関すること以外は、欲しいモノはもっと少なくていい、そう感じている人が多くなっている実感がある。ここではその状態を「物欲レス」と呼ぼう。そう思うようになってくると、いろいろな価値観が揺らいでくる。欲しいモノがあまりない世界というのは、何を目標とすればいいのか。その世界では何が幸福と見なされるのか。実は消費と幸福は無理矢理結びつけられていたのではないか等々。

では、そのぼんやりとした実感を確かめようと、私は世界のいくつかの場所に行き、さまざまな人々の話に耳を傾け、さまざまな文献や資料の森の中から、そのモヤのような気配を、もっと目鼻だった時代精神《ツァイトガイスト》として浮かび上がらせたいと考えた。

そのため、モノを売る現場＝流通業の頂点に立つ人々から内外のライフスタイルを扱う雑誌の編集者、シンクタンクの方や学者に直接話を聞き、アメリカのポートランド、中国の上海の最も変化している領域の人々に出会い、直接会えない場合はスカイプやメールを通して彼らの考えを伺い、さらに内外の消費や経済に関する文献を貪欲に漁《あさ》った。それらの言葉や事例は、ひとつひとつは異なる楽器でありメロディーではあったが、まとまると大きな新しいハーモニーを奏でているように聴こえてきた。それはまるで現代音楽のスティーヴ・ライヒの名作「一八人の音楽家のための音楽」のような、各楽器奏者がバラバラのフレーズを弾いているようでいて、実は大きなコードに則ってアルバム一枚がひとつの大きな楽曲を構成しているかのごとく、明日の世界がひと塊の音像となって立ち現れてきたのだ。

もはや消費は飽和しているのか。それともそれは世界的な構造不況が招いた一時的な消費欲の減退なのか。それとも強烈な物欲が、二一世紀においては経済的に、環境的に、そして思想的に良からぬことと見なされているのか。またはカタチを伴った消費から、カタチのないヴァーチャルな、もしくは体験的な消費に人々の関心が移っているのか。そして、私たちは二一世紀において何を買えば幸せに感じるのか。

二〇世紀後半に人々をあれほどまでに煽り立てていた物欲の潮目が変わる気配を日々感じながら、物欲の行方を巡る旅を始めてみた。

1.

「生き方」が最後の商品となった

Life style as the Last Commodity

ライフスタイルを売る時代

今、一番メディアで語られている単語のひとつは、「ライフスタイル」であるという。確かに雑誌やネットの記事で、この言葉が頻出していることを感じる方は多いはずだ。ファッション週刊誌『ＷＷＤジャパン』二〇一四年一月二七日号で編集委員の三浦《みうら》彰《あきら》氏は「二〇一三年に『ＷＷＤジャパン』で最も使われた言葉は、ファッション、デザイナー、アパレルなどのベーシックワードを除けば、アベノミクス、メルセデスベンツ、ライフスタイルがベスト3になる」と語っている。

また器や生活用品への関心が日増しに高まる中で発売された『「生活工芸」の時代』（三谷龍二＋新潮社編　新潮社　二〇一四年）という本に編集者の井出《いで》幸亮《こうすけ》氏が「〝ライフスタイル〟がブームである」というエッセイを寄稿し、この現象を次のように分析している。

「現代日本において人々の生活の行動様式の性向の変化は、徹底した資本主義をベースにした物品の消費活動を通して実現される。少々皮肉めいた言い方をするなら、ライフスタイル・ブームとは〈〝ライフスタイル・ショップでモノを購入するというライフスタイル〟のブーム〉であり、その演出において雑誌や書籍、インターネットなどを含めたメディアが強力な役割を果たしていることは言うまでもない」。

ライフスタイル・ブームとは、消費社会の成熟を示すものであり、今や人々は単に商品が欲しいのではなく、商品にまつわる物語や生活提案を求めている、ゆえに商品だけを売るのではなく、商品にまつわるライフスタイルを提案しなければいけない——。昨今どの企業のマーケティング担当者や広報担当者でも口にする紋切り型の言葉だろう。このようにライフスタイルというのは新たな、そして巨大な消費のジャンルとなりつつある。ただし、その広がりには、どこかしら漠然たる印象を伴っている。

ここで、そもそも「ライフスタイル」という言葉の定義を改めて考えてみたい。「ライフ（生命、人生）」の「スタイル（様式）」。多種多様な人生にやや強引に形容を与え、分類し差別化するような、特権的な匂いのする言葉ではある。

この言葉は、オーストリアの心理学者アルフレッド・アドラーが最初に使ったと『オックスフォード辞典』では述べている。アドラーは最近日本でベストセラーとなった『嫌われる勇気

——自己啓発の源流「アドラー」の教え』(岸見一郎/古賀史健　ダイヤモンド社　二〇一三年) でようやく日本でも広く知られるようになった、フロイト、ユングと並ぶ心理学の巨匠。アドラーは一九二九年にこの言葉を、「幼年期の子供の人格を決定付ける振る舞い」として定義した。しばらくは心理学用語として使われていたのだが、一九七〇年代に入り、アメリカで消費行動と密接に結びついた言葉として使われだしたという。

この「ライフスタイル」を学術的に捉えようと試みた論文がある。「Cultural consumption and the myth of 'life-style'」(文化的消費とライフスタイルの神話 *Capital & Class* No. 84, 2004) と題するこの論文は、イギリスのリンカーン大学のニール・メイクラフト講師によるもの。メイクラフトはライフスタイルという言葉に関して、冒頭からこのように切り込んでいく。

「ライフスタイルという概念は、今では学術的かつ一般的な共通言語としても自然に行き渡っているように見える。しかし、ここでライフスタイルという言葉が内包する、消費の文化的かつ美学的な側面を検証したい。ライフスタイルという短くまとめられた言葉は、どのような消費文化を許容させようとしているのだろうか?　この論文は、ライフスタイルという言葉が、グローバルかつ歴史的な不平等を曖昧にし、富や階級や性別の格差問題を覆い隠すような働きを持つことをここで述べていきたい」。

広まってはいるが、極めて漠としている。美しく主体的な言葉のようでありながら、実は巧妙なマーケティングの戦略に乗せられているだけのようでもある。それが二一世紀の一〇年代におけるライフスタイルという言葉の立ち位置ではないだろうか。

ライフスタイル・マガジンの勃興

このように、肯定的にも否定的にも捉えられるライフスタイルという言葉が氾濫する中、ライフスタイル・マガジンと呼ばれる雑誌が内外で急増している。二〇一二年にオープンし、そのスケール感と斬新なデザインで早くも東京を代表する書店となった代官山蔦屋書店は、洋書や洋雑誌の充実度でも群を抜く。現在は、七〇種以上の洋雑誌をレギュラーに揃えているという。その代官山蔦屋書店で最も売れている洋雑誌とは何か？　それはファッション雑誌の王様『アメリカン・ヴォーグ』でも『イタリアン・ヴォーグ』でもなく、『キンフォーク』だと同店の雑誌担当者は「朝日新聞DIGITAL」二〇一三年四月一九日号の記事「〝食べる〟〝生きる〟にまっすぐな『キンフォーク』」で語る。

この『キンフォーク』、二〇一三年六月には日本語版が創刊され話題となった。二〇一一年に米国オレゴン州ポートランドにて創刊されたこのライフスタイル・マガジンは、またたくまに熱心なファンを世界中に獲得し、先進国の高感度な書店や雑貨店などに置かれるようになっている。

その『キンフォーク』の特徴は、まるで写真集のような作りにある。広告が一切なく、テキストも少ない。上質なマットな紙にたっぷり余白をとって、美しい写真やテキストがレイアウトされた、食を中心にするライフスタイルを紹介する雑誌だ。発行部数は五万部だという。

なぜ『キンフォーク』がこうも先進都市の人々を魅了するのか？　日本版創刊のラウンチ・パーティーのために二〇一三年五月に来日した『キンフォーク』編集長のネイサン・ウィリアムスに直接話を聞いた。

コンピュータから離れた大事なことを伝える

友人や隣人たちと集まって、皆でシンプルな料理や食事を楽しみ、そこで生まれる会話や人との結びつきを大事にすること——〝スモール・ギャザリング〟をコンセプトに掲げるネイサンは、それまでのライフスタイル・マガジンとの決定的な違いを次のように語る。

「アメリカでメジャーな食の雑誌『マーサ・スチュワート・リビング』や『ボン・アペティート』などが長らく焦点を当ててきたのは、家族や友人と家で食事を楽しむときの、テーブルセットの美しい見せ方や、花の飾り方、料理の盛り付け方という点だった。僕らは、もっと〝スモール・ギャザリング〟を通した人との関わり方に目を向け、意味のある生活や、エンターテインメントで、カジュアルで、熟考された考え方を提示したかった」。

『キンフォーク』には実に多くのカメラマンやライター、デザイナーが関わっているが、毎号一定したストイックな美意識を保っている。その秘訣について彼はこう説明する。「雑誌全体として非常に統一感があるはずだ。なぜなら、『キンフォーク』というのはある種のプロジェクトであり、単にさまざまな写真を束ね集めたものではないからね」。

ネイサンがプロジェクトと言うとおり、その活動は誌面以上に幅広い。現在米国版に加え、二〇一三年五月に発売された日本版、さらに同年夏、ロシア版と韓国版も刊行。二〇一三年一〇月にはアメリカの大手出版社アルティザンより大判の豪華レシピ集 *The Kinfolk Table* も出版された。かつ、東京やアメリカ、スペインやフランスなど、世界各地で毎月二〇~三〇ほどのワークショップやディナーイベントを、さまざまな企業やクリエイターたちとコラボレーションしながら行っている。美意識はストイックながらも、ビジネスマンとしてかなりやり手と思えた。

「現在、人々はメールやフェイスブックなど、多くの時間をコンピュータとともに過ごしていて、そのような生き方の姿勢が問われていることを誰もが実感している。実は、それこそが『キンフォーク』が人々に読まれている理由のひとつではないかと思う。『キンフォーク』が、コンピュータから離れた大事なことを人々に思い出させ、実際に手を動かすこと、触れられることに対する評価が高まっているんだ。そして僕らは、雑誌の中で謳《うた》っている価値観の、まさしく一番の体現者になるよう努めている」。

この『キンフォーク』を筆頭に、インディペンデントなライフスタイル・マガジンは世界中で急増している。ニューヨークで創刊されたばかりのクラフトマンシップのある生活を提案する『Atlas Quarterly』、西海岸の女性ふたりのブログから発展した、日常を新たな視点で楽しむことを提案する『3191 Quarterly』、スペインを拠点に世界中のクリエイティヴィティ溢れるライフスタイルを伝える『Apartamento』、カナダ発のフードマガジン『GATHER journal』、同じくカナダ発のライフスタイルを考える季刊誌『ACQTASTE』、ベルリン発のインテリアを軸にしたライフスタイル・マガジン『the weekender』など、いずれもここ数年以内に創刊されたものばかりで、ライフスタイルが中心的題材になっている。そして、それらの多くは消費に疲れた先進国の人たちの次の価値観を垣間見ることができる。

生き残りを賭けたライフスタイル路線

ライフスタイル・マガジンの台頭は、欧米の大手メディアにも影響を与えている。「食の雑誌は、ライフスタイルに重点を置く新しいアプローチで読者獲得に成功している」と「ウォール・

ストリート・ジャーナル」紙二〇一三年四月三〇日の記事は伝える。

例えば、二〇一一年にコンデナスト社が発行する料理雑誌『ボン・アペティート』は、コンテンツの大幅な見直しを行った。新発行人のパメラ・ドラッカーマン氏は「複雑なレシピやスタジオ撮影の写真よりも、旅行、有名シェフ、食文化に焦点を当てた編集に努めた」という。その結果、米国雑誌業界全体は二〇一三年第1四半期に広告ページ数の約五％を失っているが、同誌は広告ページを約三八％増やしている。

また、アメリカの大手雑誌出版社ハースト社でも同じような動きが見られる。「料理雑誌の刷新に挑戦し、事細かなレシピや、マーサ・スチュワートやレイチェル・レイなど個々のパーソナリティーではなく、有名シェフ、食のエンターテインメント、ライフスタイルに重点を置く」方向を示しているという。

これらの動きに対して、広告代理店大手WPP傘下のグループM（マインドシェア、メディアコムなどの持ち株会社）のプリントバイヤーのジョージ・ジャンソン氏は「料理雑誌はもはやレシピだけを扱っているのではない。料理は、旅行、エンターテインメント、家族など他の話題全体への入り口だ」と述べ、ギャップ傘下のカジュアルブランド、バナナ・リパブリックのマーケティング担当副社長クリス・ニクロ氏は「今や料理雑誌はファッショナブルなライフスタイルとしての食のアイデアを提供しており、単に食のレシピの読者だけにとどまらない広範な読者層をつかんでいる」と語る。

既存の雑誌もライフスタイル化する

ライフスタイル・マガジンの創刊が相次ぐ中で、このところ、内外の既存の雑誌がそれまでのファッションやカルチャーを基軸にする方針を変え、ライフスタイル全般について広く取り上げるようになってきた潮流が見える。

二〇一二年六月号からリニューアルをしたマガジンハウスの『ポパイ』が好調で、部数、広告ともに大きく伸び、二〇一三年三月一五日発表の「雑誌大賞」の準グランプリを獲得した。それまでのファッション、特にラグジュアリーをメインにした方向性から大きく方向転換し、もっと地に足の着いたカジュアルな装いを軸に飲食や旅、読書などを大きく取り上げ、創刊時の『ポパイ』が掲げていた〝シティボーイ〟という概念を今のライフスタイル全般に再提案しているのが、リニューアル後の同誌の特徴だ。

また同社マガジンハウスの『クロワッサン プレミアム』をリニューアルして二〇一三年一一月に新装刊した『アンド プレミアム』も、ライフスタイルを全面に扱う雑誌となって好調に推移している。販売部数は『クロワッサン プレミアム』の一八〇～二二〇％に増えているという。

編集長の芝崎信明《しばさきのぶあき》氏は『WWDジャパン』二〇一四年五月二六日号の記事で、「新しいマーケットを掘り起こすために一番良いのは、新しいジャンルを作ることだと思います。〝ライフスタイル〟に〝プレミアム〟の意味を含めて、〝新クオリティライフ誌〟という新ジャンルを作りたい」と語っている。

ストリートファッション・マーケティング・ウェブマガジンの『WEBアクロス』の高野公三子《たかのきみこ》編集長は、〝シティボーイ〟たちに見られるような〝ライフスタイル〉ファッション〟という価値観を持った人々のことを〝ライフスタイル系〟と呼ぶ。彼らは東京をはじめ日本の都市部で着々と増えているという。

『WEBアクロス』の記事「『シティボーイ2013』台頭のなぞを解く」(二〇一三年三月二二日号)によると、彼らの傾向は、「分かる人にしか分からない限定商品や定番ブランド同士のコラボ商品などを好み、近年は紙媒体からネット媒体にシフト。デジタル・ガジェットへの関心が高い一方で、食べ物や住まい、メード・イン・ジャパンのご当地ものへの関心も高い」。

そんな〝シティボーイ〟にとって、ブランドやクオリティにこだわる「自分視点」のスタイルが消費行動の中心になっているという。そして、彼らのトレンドを支えるのは、さらに上の世代である三十～五十代のプロフェッショナルだ。

「表面的なトレンドをただ消費するのではなく、ファッションに限らず、さまざまなカルチャーへの造詣を深め、自分自身のこだわりを見つけ、自分なりの着こなし、ライフスタイルを楽しむ」。

二十代から五十代までの四世代にまたがった〝シティボーイ〟のなかで、このような風潮が高まりつつあると、この記事は述べる。

また、カルチャー・マガジンの『EYESCREAM』(アイスクリーム)は創刊九周年となる二〇一三年、大胆なリニューアルを行った。その第一号となる二〇一三年五月号のテーマは「New Life Creator リアルライフを創る人々」。特集の扉では、ライフスタイルに対する人々の意識の変化について以下のように述べている。

「価値観の多様化やテクノロジーの進化がより一層進むなか、出来ることや選択肢の幅が広がっていくにつれて、人々の〝気持ちいい暮らし〟に対する意識はさらに研ぎすまされてきているようだ。そうした気運にあって、当然ながら現在へとアップデイトされた新しいライフスタイル像が求められているといえるだろう」。

特集では〝地に足の着いた生活〟や〝心と身体に優しい食事〟といったリアルライフを創りあげる人々、〝ニューライフクリエイター〟たちを取り上げている。カルチャーに焦点を当ててきた同誌が、リニューアルによって新しい生活について語る媒体へと変化したのだ。

ファッションへのこだわりが食や雑貨に向けられる時代

ファッション雑誌もこのようなライフスタイル化の潮流の中で変化してきている。エッジのある男性ファッション誌として定評のある『HUgE』(以下『ヒュージ』)の表紙の変化に目を疑った。二〇一二年八月号の特集が「食べる　つながる」。表紙もなんと食材のみの写真。

二〇〇三年に講談社から創刊された同誌。『ヒュージ』はファッション誌であるのをやめたのかとすら思えるその変貌ぶりに筆者を含め驚いた人もいるはずだ。『ヒュージ』のディレクターである右近亨《うこんとおる》さん(二〇一三年七月取材時。現在は『ヒュージ』を離れて新雑誌『Them』編集長。また『ヒュージ』は二〇一四年一二月発売の号で休刊)にこの変貌の理由を伺いたく、編集部を訪れた。彼いわく、リニューアルは人々のファッションとライフスタイルの融合を彼自身が肌で感じたことが、大きく起因していたという。

「海外でのファッション・シューティングのために現地でモデルを探すとき、昔はクラブに探しに行っていました。しかし、一昨年サンフランシスコに行き、サードウェイヴ系のコーヒーショップを訪れると、店員もお客もとにかくかっこよく、僕たちはそこでいろいろなモデルをハントしていたのです。オーナーは、ファッション・デザイナーやセレクトショップの経営をしていてもおかしくないようなファッション的感覚を持っています。自分たちが毎日飲むコーヒーに関しても〝こういうスタイルで、こういうときはこういう椅子で、こういう空間を演出するのがかっこいい〟という考え方。彼らに友達を紹介してほしいと頼むと、近所のチョコレート工場のおじさんがかっこいいよと、やはり同じような空気感でかっこいい人を教えてくれる。そうしたつながりを見たとき、ファッションとライフスタイルがほぼ同じなのだなと思ったのです。誰かから教えられたり、押し付けられたものでもなく、自分が選んだもので、自分だけの良い空間、良い生活があれば良いという考えが芽生えている。

　そうした価値観の変化は大きな流れだと捉えて、その延長線上に『ヒュージ』のリニューアルに対する考え方があります。先日、kolor のファッション・デザイナー阿部潤一《あべじゅんいち》さんとお話ししたとき、印象的な言葉をいただいたんです。〝僕は『ヒュージ』が好きですが、『ヒュージ』を見て、そこに載っているコートを買おうとは思わない。でも、ここに出ている西海岸のオーガニック・ラーメンは食べたいと思うし、雑貨は買いたいと思う〟と。その言葉を聞いて、ファッションにこだわりを持つ人たちが、今は同じ軸のまま食や雑貨など他のものを見ているという実感を得られたんですね」。

ファッション誌はもはや一般誌ではない

エッジのあるモード・マガジンとして築いた軸を基にしつつも、ファッションの周辺にあるライフスタイル関連の題材について、今までと同じ視点のまま特集を組むことが肝心だと右近さんは語る。

「今までは間違いなく、ファッション誌が一般誌として雑誌文化の中心にありました。しかし、今やメインでファッションだけをやっている雑誌は減り、あったとしてもそれらは専門誌に近くなり、もはや一般誌とは言い難い状況です。誤解を恐れずに言うならば、一般誌だったファッション誌がオーディオや囲碁や園芸、兵器などの趣味雑誌と同等のものになりつつあります。要するに万人にとってジェネラルなものではないということ。これは、近年多くのファッション雑誌がリニューアルをしている現状からもわかるはず。どれだけ素晴らしい内容のファッション特集を作っても、ある一握りの人たちのためのものになってしまい、結果としてセールスを作れない。だから、一般誌として生き抜くために、もっとライフスタイルの方を取り上げることが大事かもしれないと考えたんです」。

実際に特集『食べる つながる』号は実はファッション特集号よりも反応が良かったという。

「〝これからは食でやった方がいいんじゃないか？〟というリアクションをいただくほどでした

ね。現在〝ファッションが終わるのではないか？〟という危機感に時代が直面しているように思います。そのことをファッション関係の人々をはじめ、メディアにいる側もひしひしと感じているんです。食もファッションのひとつの捉え方というように考えをシフトしていけば良いのか、それとも必ずファッション・ストーリーがある、オールドスタイルな一冊を一貫して作れば良いのか。自分のなかでも今も葛藤はあるんです」。

流通のライフスタイル化

このライフスタイル化の波は雑誌だけにとどまらない。流通業界でも単なるファッションや雑貨だけでなく、生活提案を謳ったライフスタイル・ショップ化という新業態が続いており、勢いは増している。

日本のジュングループが一三年秋立ち上げた「サロン・アダム・エ・ロペ」、サンエー・インターナショナルが同年六月に自由が丘にオープンさせた「キャス・キッドソン」路面店、ロンハーマンが同年六月に「MARK IS みなとみらい」内にオープンさせた「RHCロンハーマン」などは、いずれも構成比率として食関連と雑貨関連商品を二〇～三〇％も取っており、ファッション以外の要素を大幅に加えている。最近では、店内にカフェを設置するケースも少なくない。

また大阪を拠点にするアーバンリサーチが、ニューヨーク生まれのライフスタイル・ショップ「FREEMANS SPORTING CLUB」の日本一号店を北青山に二〇一三年四月にオープン。また、二〇一三年一二月、南青山にデンマークのウィメンズブランド「BY MALENE BIRGER」を立て続けにオープンさせ、二〇一四年三月には表参道ヒルズにカフェ「グリーンバー」を併設したショップ「URBAN RESEARCH 表参道ヒルズ」をオープンした。同店のコンセプトとして「DESIGN YOUR LIFE STYLE」を謳っている。

さらに通称〝二《に》子《こ》玉《たま》スタイル〟のメッカ、二子玉川に英国の伝統的なファッションとライフスタイルにモダンなテイストを加えたブランド「マーガレット・ハウエル」がカフェを併設した広々としたショップを二〇一四年九月オープン。カフェで使用されている食器類やテーブルウェアに加え、チェアまでもショップで購入できる構成になっている。

大型商業施設にもこれらの影響は及んでいる。新宿伊勢丹本店の大改装にあたって店長（当時）の中陽《なかよう》次《じ》氏は「これまで〝ファッションの伊勢丹〟としてやってきましたが、時代が変遷して、今は衣食住が単体で動くのではなく、ライフスタイルを提案していかなくてはならない」という（『WWDジャパン・マガジン　二〇一二年冬号』）。

百貨店激戦区で知られる大阪駅前に、二〇一三年四月に開業した大型商業施設グランフロント大阪は、コンセプトとして「ファッションビルではなく、百貨店とも違う新しい専門店大集積施設として、最良の店を選択した。ファッション、インテリア、生活雑貨などさまざまな業種・業態を集積して〝都心におけるライフスタイル提案〟を追求した」と謳う。

ライフスタイル・ショップは都市生活者の日常を変える

これらライフスタイル・ショップの急増については、『カーサ・ブルータス』では〝NEW LIFESTYLE SHOP 理想の暮らしが買える店〟として、二〇一一年以降ほぼ毎年特集を組んでおり、二〇一五年六月号では「LIFESTYLE SHOPPNG! 理想の暮らしが買える店２０１５」という特集、二〇一三年には『カーサ・ブルータス特別編集：LIFESTYLE SHOPS 理想の暮らしが買える店』という別冊まで出している。

そんなライフスタイル・ショップの先駆的存在であり、独立系のお店として注目を集めている南青山のThe Tastemakers & Co.（以下、テイストメーカーズ）は、たんに生活雑貨を売るだけでなく、さまざまな食のイベントも行い、注目を集めている。その代表の北舘洋一郎《きただてよういちろう》さんにお話を伺った。

「実は、テイストメーカーズを始める前に、Ｔ６Ｍというメンズ・ファッションのお店を代官山で展開していました。そんな中で、ファッションやライフスタイルがどんどんユニセックスな方向へ向かう流れを感じ、そんな感覚を出せるような世界観を展開したいと思うようになったんです。それでメンズのお店を一時的に止め、現在のお店を始めました。メンズの店は時代のど真ん中の商品を揃えていたので、たくさんのお客様にすぐに来店していただくことができました。しかし、逆に会社の雰囲気やお客様のモチベーションもどこか物欲主義的な方へ向かいすぎてしまって、段々しっくりこない自分がいました。

その経験から得た反省みたいなものが、今の経営には随分、反映されています。テイストメーカーズをオープンして三年になりますが、大切にしてきたのは〝衣食住を共有させる世界観〟を提案すること。洋服屋をやりたいわけでもなく、雑貨屋や飲食店でもなく、それでも衣食住のコンセプトが打ち出せる場を作りたいというイメージでした。それを表現するため、毎回シーズンごとに異なるコンセプトを立て、そのコンセプトに沿って商品や内装や打ち出し方を全部変えています。もちろん定番的な商品もあるのですが、基本は毎回のコンセプトありきの買い付け、商品構成でお客様に理解していただこうと思っています。

そしてお客様や、商品を作っている職人さん、お店の仲間たちとのコミュニケーションを第一に考え、その次のコミュニケーションをつなぐものを生む、という仕事の進め方を考えています。それもすべて、仕事ありきで考えるとお客様が喜ぶということにはならないと思ったんです」。

装飾的なラグジュアリーの終焉

北舘さんは店のテーマを「使い捨ての対極」だと言う。

「来てくれるお客様には商品を大事に使っていただきたいと思って販売していますし、実際大切に使っていただけていると思います。僕たちのやり方は、使い捨てや、ファスト・ファッションの流れとは対極にあります。お客様のタイプとしては、ライフスタイルにいろんな意味で余裕があって、日々を楽しんでいる方が多いです。アカデミックで暮らしの民度が高い人たち。そうした人は、例えば、昔懐かしいモップのような商品を楽しめたりするんです。そう思えない人にはゴミ同然のものでも、暮らしの民度が高ければ、日常のなかにその商品を落とし込めるのだと思います」。

日常的なものにこだわることに価値を見出す人々を見ている中で、北舘さんは都市生活者が目指すラグジュアリーな生活様式の方向性の変化を感じている。

「世界基準で見ると、僕らが羨ましく思う生活をしている人というのは、きわめて日常的なものごとにこだわった生活をしているし、こうしたライフスタイルがラグジュアリーの新しい到達点なのではないかと思います。世界の主要都市を見ても、装飾的でファンシーなラグジュアリーが終焉《しゅうえん》しているというか、人々がそうしたものに疲弊している印象があります。ただ、一方でそれは都会の生活に限ってのことだとも感じますね。僕としては、ここに置いてある商品が田舎にそれほど必要だとは思わないんです。どちらかというと都市型のライフスタイルに当てはまるんですね」。

また、テイストメーカーズの最大の特徴とも言えるのが、お店で定期的に開催されている「食」に関連したイベントだ。朝食をテーマに出張コーヒーやブレックファストプレートを味わう企画や、生産者を招いてソーセージやパテなどの加工肉の試食会や販売などを実施し、毎回好評だという。

「食には元々興味がありました。世界中いろいろなところを訪ねて、いろいろなものを食べる中で、もっとカジュアルなところで皆と楽しめるコンテンツがあったらいいと思うようになったのです。そこで、はじめに朝食のイベント『The BREAKFAST CLUB』というものを開催しました。それから毎回違うコンセプトを立てて続けていて、今に至ります。僕らが飲食店をすべきかどうかという問題に関しては、また少しポイントがずれてくると思うので見極めなければいけないところだと思います。ただ、ライフスタイルという生活のなかの一環としての食を考えてみれば、まだやるべきことは多くあるはずです」。

ショップは目利きとしての機能を求められる

日本のストアデザインに関する専門誌『商店建築』二〇一三年九月号では、このムーブメントに着目し、ライフスタイル提案型のお店について、次のような特徴付けを行っている。

「複合したプログラム（「カフェ＋雑貨店」など）が、それぞれに主従の関係でなく、等価である。つまり、カフェと雑貨店の、どちらがどちらに付帯しているのか判別しがたい。売られている商品が、ジャンルによってではなく、世界観やコンセプトによってセレクトされている」。

また、こうしたお店の増加の背景については次のように分析している。

「長引く物販店の売れ行き不振。店舗経営者は、いかに間口を広げて、多くの客を店に誘引するかにしのぎを削っています。更に、商品に関する情報や商品の種類が増えたこと。つまり、ショップが目利きとしての機能を求められているわけです。このあたりの背景を無視して、形だけのライフスタイル提案型ストアをつくろうとすると、おそらく計画は迷走します。これから増加するライフスタイル提案型ストアの成功のポイントは、おそらく、オーナー（またはディレクター）の個性です。これまでも重要でしたが、ますます重要になりそうです」。

また話題の「ビオトープ」や「サタデーズサーフニューヨーク」などのライフスタイル・

ショップを展開するジュンの佐々木社長は「繊研新聞」の記事（二〇一三年七月三〇日）の中でライフスタイル提案の背景について次のように語る。

「ファッションビジネスにおいてライフスタイル提案が注目されてきた背景には、ひとつは日本が発展途上から欧米型の成熟社会になり、価値観として、所有の価値から使用の価値を求めるようになったという点だ。発展期にはモノが欲しかったが、モノをもっているだけでなくどう楽しむか、質の良い生活への欲求、例えば海外の都市生活へのあこがれ、都市と郊外でのダブルライフに対する欲求などが使用の価値につながっていると思う。

ふたつ目にリアル店舗の役割の変化とオーバーストア。ネット通販が台頭し、目的買いで強さを出し、リアル店舗もプラスアルファが必要になった。さらにこの一〇年でアパレルの市場が約一兆円縮小したのに対して売り場面積は三〇％増えた。体験し、過ごし、発見する場所といった機能が必要になったのではないか」。

ライフスタイルは切り売りするものではない

逗子に暮らして二五年目になるという高須勇人《たかすはやと》さんは、湘南ライフスタイルを代表する葉山のお店「SUNSHINE+CLOUD」（以下S＋C）のオーナーだ。二〇一三年四月に葉山エリアのより海に近い場所に移転。元々保養所として使われていた建物を改装して作られたという広々としたリノベ空間の中には、オリジナルラインの洋服はもちろんのこと、生活雑貨、生花、本などが並び、料理家の長尾智子《ながおともこ》さん監修の地元野菜を中心としたカフェ「Over Easy」が併設されている。東京の坪効率重視の商業空間ではありえない空間の贅沢さ。広い中庭もあり、ここだけ東京とはまったく違う時間が流れている。

「生まれは東京なんです。でも僕にとって東京は住みづらかったので、海の近くに住みたいと思い、湘南エリアで住む場所を探していたんです。逗子は海も近いのですが、意外と普通の街らしいところが気に入りました。駅前を降りると魚屋さんや八百屋さんがあって、住んでいる方も気負いなく海辺の生活を楽しんでいる方が多いんです。もちろんサーフィンをしている人も多いですが、波があれば海に入るぐらいの気持ちで、自転車に乗るのと同じ感覚ですね」。

商品は自分が着たいものを基準に揃えているという。定番商品が六、七割を占める。それにしてもなぜここまで複合業態にしたのだろうか。

「お店は最初から複合形態にしようと思ったわけではなく、こういうのがあったら良いなというところからすべて広がってき、結果的に今の形態になっているという自然発生的な流れです。生花もやりたいとずっと思っていたら、うちのスタッフの奥さんが花屋さんをやっていたんでやろうということになった。Over Easy を長尾さんに監修していただいたのも、うちがやっている代官山のお店G.O.D.に彼女が以前からいらしていたことがきっかけです。すべて初めから意図的に組み込むわけではなくて、流れの中でこんな風になったらいいなと思っていたら、後付けでできてきました。ライフスタイル・ショップだからこれとこれをやろうという風に揃えているつもりはないんです。ライフスタイルって切り売りするものではなく、自分たちで学ばなきゃいけないものであって、これとこれを揃えればライフスタイルが完成するというものでもないんですよね」。

高須さん自身が湘南の生活と向き合う中で自然とできたのが、今のS＋C。流行を追いかけることとは対極にある店のあり方は、これからの消費行動がコミュニティ・ビジネス化していくことを示している。

「生活の場として、仕事の場としても、自分のスタンスを保つためには、好きなところにいなきゃいけないと思います。アメリカのライフスタイルに憧れるのはわかりますけど、本来ならもう少し咀嚼《そしやく》して、自分たちでスタイルを作っていかなきゃならない。時間が経って初めてスタイルになってくるわけだから、時間軸が必要じゃないですか。確かにビジネス的にはそんな時間軸はいらないかもしれませんが、それで二、三年経つと閉店してしまう店が多い。それでは店は成熟していかないのかなとは思います。自分たちのものにして咀嚼して提案したら、ひとつのスタイルになっていく。うちに来てくださるお客さんは、都会から来る方と地元の方と半々です。毎週土日に来て、何かしら買って帰ったり、食べに来たりしてくださる。そういう方たちはうちの店が好きで来ていただいていて、そして私たちを応援してくださっていると感じます。都会からわざわざ来てくださる方は、ここに来て買い物をし、天気が良ければ海に寄って帰る。そんな道のりが価値だと思ってくださっている方が多いと思います。そんな方々に応援していただいているので、僕らはより良いものを作っていかなければならないなという責任は感じます」。

「S＋Cの客は、〝消費は投票である〟という言葉を思わせますね」との僕の言葉に高須氏は「ほんとうにそれを感じます。うちのお客さんはここでたくさん買い物したいお客さんというよりも、〝この店がなくなると困る、だから自分たちが頻繁に通わないと潰れるのではないか〟と思ってくれているお客さんなのかも」と笑いながら答えた。

ビームス設楽代表が語るライフスタイル・ビジネス

「今日のファッションビジネスは単に衣服にとどまらず、生活全般に関わるあらゆる領域に関与し、商品そのものの提供から、物を媒介として高揚感や快適性など何らかの満足を提供する産業へと進化しています」とは、ビームスの設楽《したら》洋《よう》代表取締役が公式サイトに掲げる言葉だ。そのサイトの「トップメッセージ」で、設楽氏は「良質な日常生活を謳歌したいと思っている人たちに向けて、伝説でもプレステージでもない新しい世代のルール（生き方）をつくること。それが“Happy Life Solution Company”としてのビームスが果たすべき役割」だと続ける。

そのビームスのライフスタイル志向が最近目覚ましい。二〇一二年から「ビーミングライフストア（二〇一二）」「レムソンズ（二〇一二）」「BEAMS PLANETS（二〇一三）」「ワークハンズ（二〇一三）」など、既存のファッション商材では捉えきれない商品を扱う業態の店舗を続々とオープンさせている。その背景には何があるのか？　一九七六年「アメリカンライフ・ショップ ビームス」という店名からスタートし、「最初からファッションを売るというよりも、ライフスタイルを提案してきた」と語る設楽氏に、ファッションからライフスタイル産業へ変わりつつあるビームスの明日のヴィジョンを伺った。

服よりも生活に興味

設楽氏がビームスを創業したのは、二五歳のとき。「男の子はアメリカに、女の子はパリに憧れるような時代」だったという設楽氏は、学生時代にアメリカン・カルチャーの影響を強く受けて育った。ホームドラマや洋楽から始まり、学生時代には湘南や横須賀でアメリカ人と友達になって、米軍基地の中で行われているバザーに入れてもらい、夢に描いたようなアメリカの生活を目の当たりにする。そうした憧れが募り、「アメリカの生活が買える店」を自分で作りたいという思いで設立されたのが、ビームスだ。

「当時は、セレクトショップという言葉もまだなかった時代でしたが、スタートは、一人の人間のフィルターを通したものを提案して、〝この指止まれ〟という感覚から始まったものです。僕はビームスを始めるとき、きっとUCLAの学生はこんなモノを持っていて、こんな生活をしているのだろうと思いながらモノを集めていました。だから、洋服やデザイナー好きだったというよりは、洋服や生活雑貨というある種のギアを手にして、それを道具にどんな生活を送ろうかというのが興味のあったところです。とはいえ、創業当時は情報もモノもなかった時代ですから、知らない情報、見たことのないモノを提案してあげることが、セレクトショップの第一の役目でした。

しかし、今は少し違います。数ある情報のなかから絞り込んであげることが我々の役目になりました。そういう意味で、セレクトショップは十貨店だと思っています。百貨店に行けば何でもあるけれど、自分にとっていらないものもあります。また、もともと超マニアな人であれば、最初から専門店に行った方がいいですよね。セレクトショップは、これだけあれば必要十分というものを絞り込んであげる。モノと情報が多すぎて、ある程度絞り込んでほしいのであれば、私たちの十貨店に来てほしいのです」。

商品ではなくコミュニティを売る

そんな十貨店方針のビームスは、特にこの一、二年でライフスタイルを軸に置いた、さまざまな新業態を打ち出している。ファッションからライフスタイルへという変化を、設楽氏は次のように語る。

「モノが溢れる時代に考えなくてはならないことのひとつに、どうやって他と差別化された価値を付けるかという問題があります。例えば市場の中で、エルメスあるいはユニクロは確実に差別化されていますね。エルメスは質も価格も最高級のものを、ユニクロは自社の技術を低価格で提供します。しかし我々も含め、ほとんどのブランドやお店は、その中間に位置しています。そのひしめき合った中間層の中で、他との差別化を図ろうとする場合、それをモノに頼ることはもうできないと思ったのです。我々の世代は、ものすごくモノと情報に飢えていたから、欲しいモノを見つけて手にしたときには、インコンビニエントであるがゆえの、ものすごい感動と喜びがありました。

ところが、今はキーボードを叩けばどこに何があるかがわかるようになっています。コンビニエントな時代には、ひとつのモノを所有することの喜びが薄くなって、感動が違うものになってきたんです。だから、そのモノを買って手にすると、その先にどんなハッピーが生活の中にあるかというところまで提案しなければいけない。かつて、車やカメラのカタログも、デザインやスペック、スピードがどれだけ出るか、エンジンはどうか……ということで宣伝していたけれど、おそらく今後はそれを使った生活がどういうものであるかというカタログが必要になってくるでしょう。

そうであれば、モノを使った生活を提案する集団、つまりコミュニティ・ブランドになるべきではないかと思うのです。モノそのものへの渇望ではなく、そのモノを使って誰かとアウトドアを楽しんだり、誰かとプレゼントを贈り合う喜びを感じたり……。洋服や物だけで売るのではなくて、それを通した生活やハッピーを売るとすると、最終的にやるべきことはハッピーなコミュニティを作ることではないかというところにたどり着きました」。

「例えば、コム デ ギャルソン風、アルマーニ風、ブルックス・ブラザーズ風……と言ったときに、大体こんな格好をしている人だろうなと思い浮かぶでしょう。ところが、ビームス風と言ったときには、それぞれの人が思い浮かべる姿が違うはずです。ある人はモード系、ある人はストリート系、カジュアル系、あるいは、トラディショナルな格好を思い浮かべます。一〇〇人いれば一〇〇のビームスがあって、それがビームスの特徴だと思っています。実際、うちのスタッフには、アウトドア好き、アロマ好き、ゲーム好き……いろいろな趣味を持った人間が集まっています。

今後のファッションが、ファッション・フェチの人たちだけのものになってしまわないためには、そうしたコミュニティ化が重要になると思っていて、同好の士や、同じ趣味を持った仲間たちを入り口にしていくことを考えています。昨年、楽天とコラボした企画『BEAMSハッピー隊』もそのひとつです。一億三千万点ある楽天の商品の中から、ビームスがセレクトをしたものを売ろうと。先ほど挙げたような、多様な趣味を持ったスタッフが推薦することで、その趣味のコミュニティを通じて売っていくことが、次のビジネスではないかと思います」。

若い世代の物欲のなさはある種の賢さ

その高感度なファッション・コミュニティを指向するビームスのスタッフの興味深い発言がある。『WWDジャパン』二〇一二年一一月二六日号の「サンフランシスコの丁寧な生活がお手本に！」特集で、ビームス商品統括本部の佐藤《さとう》幸子《さちこ》氏が「今、社内のスタッフには、〝もう、服がメインではなくていいのよ〟と伝える。トレンドなんてどうでもいいと思うけど、その気分そのものがトレンドなのかもしれない」という発言をしている。これは服がメインの商材であるビームスのスタッフとしてはラディカルな発言だと思うのだが、これについて伺ってみた。

「ある部分、時代としては合っていると思います。今、若い子たちの物欲がなくなったりするのは非常に困る部分がありますけど、これは若い世代のある種の賢さとも言えるわけです。ある種の本音の部分では大きな波は動いているので、そこにどういうふうに刺激を与えるかということだと思うんです。そこは絶えず意識してます。僕は〝店は劇場だ〟と言っています。旬に敏感な人や、自分のことをオピニオンリーダーだと思っているミーハーな人や、新しいもの好きの人、そういう人たちをビームスは囲い込んでいると。そうなると、うちにノウハウがあって異業種がいろいろな話を聞きたいと話を持ってくるんです。うちを買いかぶっているところはあるかもしれないけれど、抱えているお客さんの声を毎日聞いているから、それはものすごいマーケティング・データになるんです。そうなると、ファッションだけでなく、生きている生活者がいるところにどういう車などが求められているか、どういう商品が求められているかとコラボレーション出来る。それがもしかすると次のビジネスモデルになるかもしれない」。

日本の加工貿易的な〝コク〟と〝キレ〟

設楽氏は、ビジネスには二つのことが不可欠だという。「セレクトのみならず、企画、広告、デザイン、コピー……にも〝コク〟と〝キレ〟が絶対に必要です。ファッションはそれがすごく顕著で、川の流れのように流れて通り過ぎて行ってしまうものと、底に沈殿してライフスタイルになっていくものとがあると思います。あるものがライフスタイルになるには時間がかかって、それは〝コク〟ですよね。もちろんキレやフック、刺《とげ》がないと引っかかってこないのですが、ただ、それだけだと薄っぺらなものになってしまうから、〝キレ〟と〝コク〟のさじ加減が大事です。日本は、今まで洋服やライフスタイルという点において、〝コク〟を作るには歴史が足りないところで、若干のハンデはあったと思います。

逆に言うと、もともと資源がなかったから加工貿易が発達したわけで、その技術においてはものすごいものを持っています。感度の加工貿易も含め、海外のものを持ってきて、日本独自のストリート文化やライフスタイルを作るというような。ビームスも、ストリートから生まれたライフスタイル文化を伝えてきました。一九八九〜九〇年にいわゆる渋カジ現象が起こりましたが、これは海外のどこから出たものでもない、どこのカリスマデザイナーが作ったものでもない、渋谷の街が生んだ文化でした。そこから二〇年が過ぎて、また新たなストリート文化が生まれています。

日本人は新しいものにはすぐ飛びつき、さらに新しいものが出ればそっちに飛びつきますが、それをいい部分で自分のなかでのＤＮＡに変えて、徐々に加工貿易的だったものを、自分なりに加工できるようになれば、日本のひとつのスタイルになっていくんじゃないかと思います。おそらくそれを積み重ねたことにより、歴史は短かったけれども、世界のどこよりもこんなにおしゃれな人たちがいる街は、東京のほかにないと思うんです」。

夢中な人々が集まるコミュニティ・ブランドへ

設楽氏は以前、「日本の若者の風俗や文化を変えるとまではいかないが、泉に小石を投じるぐらいの影響を与えてこれたかな、というくらいの自負がある」と語っていたが、小石どころか巨岩のような影響力を持つに至った現在、彼の次なるミッションを伺ってみた。

「野心のある経営者は多いけれど、理念として、〝社会のためにいかなる自分たちの存在意義があるのか〟ということは、僕にとっては大きいことなんです。すごく手近な部分で、社員の幸せとはなんなのかということをすごく考えますね。極論すると社員の幸せというのは、やりがいのある仕事を与えるか、高額のギャランティを払うかしかないんですよ。両方を与えられればベストだけど、その二つしかないのかとも思うんです。僕は以前〝ゆくゆく副業ありで、週休が三〜四日の会社にしたい〟と話したことがあるんです。それは最終的にはコミュニティ化ということ。ただ、週休三〜四日にすれば、週休二日の人よりは給料も少ないかもしれないけど、自分の好きな飲食店経営や絵、サーフィンなどができたりと、いろんなことをやる人間が出てくる。でもそれでもやっぱりビームスにいたいと思えるような会社になっていることが、ビームスがおもしろいコミュニティ・ブランドとして成立していることの証《あかし》になると思うんです。

たしかにマネジメント面では難しいかもしれないけれど、働くことは〝work〟であったり〝labor〟であったりするけど、〝play〟でもあると思うんですね。僕は努力が大事だとは思うけど、〝努力は夢中には勝てない〟とも思うんです。そういういろいろなことに夢中な連中が集ってくれるコミュニティの集団ができればいい。逆にそういうことがなくなって、大元に戻って暑さ・寒さをしのぐためだけの仕事だったら、ファッションなんていらないんですよ」。

三越伊勢丹大西社長が語る百貨店の未来

「ほしいものが、ほしいわ」。これは糸井重里氏による一九八八年の西武百貨店の有名なコピーだ。もはやほしいものが先にあるのではなく、ほしいものを探し求めたうえで買うという、消費が飽和点に達したことを宣言する予言的な言葉だった。はたして僕らは物欲レスな時代の中で、「ほしいものがほしい」と言わせるものを見つけているのだろうか。そしてそれは百貨店の空間の中で発見できるのだろうか。

売上日本一の百貨店、伊勢丹新宿本店は二〇一三年度の売上が二六〇〇億円を誇る。一日の売上が七億円を超える消費社会の総本山だ。その巨艦店を擁する三越伊勢丹ホールディングスは、二〇一三年三月の伊勢丹新宿本店リニューアルを皮切りに、羽田空港に小規模のセレクトショップ「イセタンハネダストア」をオープン、アンリアレイジなどがデザインしたTシャツのカスタマイズサービス「イセタンカスタマイズ」のローンチ、ルミネとコラボした新形態小売サービス「ルミタン」をスタートするなど、業種や空間の垣根を超えたコラボレーションを行っている。二〇一三年度全国百貨店売上六兆二一七一億円のうち一兆三二一五億円の売上と二割を占め、二〇一四年一〇月の前年同月比売上も三越伊勢丹のみが増加している。

そのように日本の消費社会の頂点に立つ三越伊勢丹の大西《おおにし》洋《ひろし》社長に、消費社会の行方を巡って話を伺いたいとかねてからオファーを続け、ようやく実現の運びとなった。百貨店存続の危機感をかねてから明言し、ファッション産業が衰退してきた昨今の情勢を踏まえつつ「もう一度ファッションを伸ばしていきたい」と語る大西社長に「消費の未来」についてお話を伺った。

今までのやり方では生き残れなくなった百貨店

一九八〇年代、日本の百貨店市場は黄金期を迎え、売上も今の一・五倍を誇った。しかしその後さまざまな業態の小売ビジネスが生まれ、インターネットの急速な広がりとともにECビジネスも発展し、小売業は大打撃を受けることになる。大西氏は環境の変化をこう語る。

「百貨店が元気をなくしてしまった理由は、はっきりしているんですね。物品が急速に同質化して、どこでも同じようなものを買えるようになると、業績が悪化し人員削減をせざるを得なくなります。そうすると一番大事な店頭からのお客様情報が入ってこなくなります。お客様情報は外部のリサーチ会社に流れていき、自分たちはものづくりにも関わらないので、不動産貸しのようなビジネスになっていってしまいます。店舗販売の最大の強みである〝おもてなし〟に目が行き届かなくなり、最終的に収益力が下がってしまう。収益力が下がってくると今度投資ができない。投資ができないと、お客さんの次の期待に対するご満足が得られなくなるという悪循環が原因です。これを健康的な状態に戻さない限りだめだと思っているんです」。

そこで大西氏は次のような施策を打ち出しているという。

「まずは同質化から逃れるために、ものをつくるところからお客様の手に商品お渡しするまでの流れに私たちも関わろうとし始めています。例えばお洋服であれば、私たちでテキスタイルからつくる場合もありますし、お取引先とコラボレーションして先方独自のテキスタイルを活用してつくる場合もあります。いずれにしても流通の川上に溯《さかのぼ》って相当入り込んでやっていかないと、独自性も生まれませんし、価格と価値のバランスも生まれません。この仕入れ構造改革は四年くらい取り組んでいるところです。あとは、お客様と丁寧なコミュニケーションをとるために販売力のアップです。お客様の潜在的なニーズを汲み取るために一対一でコミュニケーションをとれる人材の育成ですね。販売の生産性と仕込構造の生産性、この両輪で現在進めているところです」。

ライフスタイル・ショップの限界

全世界的に急増している新業態であるライフスタイル・ショップについて、マスをターゲットにした三越伊勢丹はどのように考えているかを伺ってみた。

「昔は自分の価値観やライフスタイルを発信し、表現する代表選手は服でした。でも今は、その人が持つ価値観、生活感、人間性がものすごく多様化してきて、自己表現する方法は服以外にもさまざまあります。そういう意味で価値観が似ている方々が集まるパリのコレットが注目されたり、サンフランシスコやブルックリンにライフスタイル型のショップが増えてきたりしていると思います。

一方で三越伊勢丹は社会一般のお客様に開かれたお店であり、いらっしゃるお客様はその方自身のライフスタイルをお持ちなので、それがテイストなのか生活観なのか生き方なのかはそれぞれだと思うんです。そうすると一人ひとりにあった衣食住を縦に揃えなければならないので、非常に難易度が高いです。

理想としてライフスタイル型のお店を作ることは良いことですが、百貨店の場合、一〇〇人いれば六〇、七〇人が一般的なお客様で、百貨店のセレクト力に期待するのがこれらの方々です。昨今のライフスタイル・ショップをはじめとする何かに特化した〝スペシャリティ・ストア〟に期待するお客様と百貨店に期待するお客様というのは住み分けされています。スペシャリティ・ストアの場合はテイストもグレードもターゲットに合わせて絞ることができます。オーガニックな手法で作られた商品やオーダーメイド・ファッションなどもスペシャリティ・ストアから取り入れたい部分ではありますが、百貨店の場合はジェネラルの部分が七割くらい要求されるので、すべてをライフスタイル型にするのは不可能に近いのが事実です」。

洋服の文化を育てていくことの重要さ

二〇一四年におけるファッション業界の最大の流行語は〝ノームコア〟だった。「究極の普通」を意味し、極端に普通っぽいスタイルこそが今だと主張するこの動きは、まさに時代がラグジュアリーからノーマルへ、さらには外見での差別化競争の転換期であることを示している。その転換期において、新宿伊勢丹本店リニューアル時に掲げたスローガン「世界最高のファッションミュージアム」を標榜する大西氏は、ファッションのこれからの価値をどう捉えているのか。

「人類の歴史において、日本の歴史においても〝着るもの〟はとても大事だと思っています。なので、百貨店業界がどうのこうのという話ではなくファッション＝流行としての洋服を取り戻していかないと、ファッションの業界全体が縮小していってしまいます。ですから、私たちは売上効率でブランドを選んでいません。例えば、うちに入っているあるブランドは、とても売上効率が悪いんですが、そのブランドはデザイナーが洋服づくりに熱中していて、売上の七割以上が洋服なんです。他のブランドは会社の業績を上げるためにハンドバッグや靴にシフトしていくのが実際のところで〝君たちはデザイナーとして洋服の文化に対してどう思っているんだ〟と聞くと返事がない。それは悲しいことです。

これからもライフスタイル型のお店は伸びるでしょうが、洋服をどうやって育てていくかはとても重要だと思います。百貨店業界に対するスタンスとしては、もう一度ファッションとしての洋服を伸ばしていきたい。でも現実的には、ライフスタイルのバランスが衣料に偏っていたことも事実でしたので、食と住について充実させていきたいと考えているということです」。

リーマン・ショック以降のアメリカ消費社会の変化を明確な数字と論理で示した話題の本『ス

ペンド・シフト』（ジョン・ガーズマ&マイケル・ダントニオ著　プレジデント社　二〇一一年）によるとアメリカの二二歳以上人口の八八％が以前より割安のブランドを購入するようになったといい、「モノをたくさん持っているからといって幸せとは限らない」という回答も同じくらいに達したという。このアメリカの価値観の大きな変化の波、特に若者の意識の変化は徐々に日本にも到達しつつある。若者のこの意識の変革ならびに消費離れについて、大西氏はどのような施策を考えているのだろうか。

「おっしゃる通り、購買意欲は年々低下しているのは事実ですし、衣料品はここ一〇年くらいで七割方に落ちてきています。厳しい状況の中で、当然、食やライフスタイル型の提案は推し進めていかなければなりません。お客様はタンスには洋服が溢れていて、もう必要ないという非常に難しい話になってきます。でも、対策は二つしかない。一つ目は、ファッションに対する感度が高い人々にもう一度購買欲を高めてもらうこと。服好きな人は六月から秋物・冬物を買うわけで、この人たちにもっとインプレッションを与えないといけない。

もう一つは価値と価格のバランスです。今まで一〇万円で売っていたコートを、同じクオリティとグレードを保ちつつ七万円で売る施策です。若者に人気で相応の価格で売っていたメイカーと組んで、もう少しハイグレードで良いクオリティの大人用を作ってもらう。クオリティは高まるけれど、一〇万円を切る価格で売るなどして購買促進できるように試行錯誤をしています」。

ファッションの見えない価値

最後に、大西氏はファッションの語られてない価値を次のように語る。

「ファッションは内面的な見えない価値があると思います。自分の世界をつくるには、自分が納得できる一定水準のもとに価値を判断したものを見つけることが大切で、それも見えないファッションだと思うんです。見えない価値で言えば、日々のお客様と当社のスタイリストの接点で起こることや、お客様が買うつもりでなくいらしたときに環境・空間やスタイリストの一言で気持ちが豊かになってモチベーションが上がって帰られること、そうしたことすべてが価値です。三越伊勢丹にご来店されたお客様にそうした体験をご提案できることは百貨店ならではだと思います」。

ファッション主体からライフスタイルを軸にした消費への移行は、ファッション業界の必然的な成熟でもあり、それ以上に消費者の成熟でもある。物欲レスな時代は、よりモノよりコトへ、見えるものから見えないものへ価値を置く方向へ進んでいる。それは、消費の終着駅がおぼろげながら見えてきたとも言えるのではないか。いや、高感度な人々はおぼろげどころかもっと明確に行き着く先を見据え始めているように感じる。ライフスタイル＝生き方を消費する時代は、消費主義の可能性と限界の両面を提示して、次なる地平に躍り出ようとしている。

2.

ふたつの
超大国の
物欲の行方

The Future of Materialism in the Two Superpowers

ライフスタイル先進都市、ポートランドの魅力と問題

「僕の街には、大きな百貨店もないし、ブティックが一杯あるわけではないけれど、個人経営の美味しいコーヒーショップやレストランがたくさんあって、アメリカ中から、そして海外から続々と人が移住してくるんだ」。写真家のパーカー・フィッツジェラルドは上海で私にこう語った。

二〇一三年六月に彼と上海である人物の撮影をする仕事があった。パーカーは雑誌『キンフォーク』を代表する写真家で、編集部があるアメリカ西海岸オレゴン州の都市ポートランドの住人だ。実はこの撮影が彼との初対面で初仕事。事前にメールでやりとりをして上海で合流し、一気に撮影本番を迎えた。その彼と上海での撮影前後にあれこれ話をするうちに、ポートランドという街に俄然興味を持つようになった。訪れるなら七、八月がベストと彼が勧めるので、上海から戻って即座に翌年二〇一四年八月のポートランド行きのフライトを予約。そして二〇一四年

八月上旬に初のポートランド訪問を実現できた。

ところがその一年で、日本のメディアでポートランドを巡る状況は一変する。『エル・ジャポン』二〇一四年二月号がポートランド別冊を付け、『ポパイ』二〇一四年七月号がポートランドの特集「ポートランドに行ってみないか?」を世に出し、『TRUE PORTLAND』(メディアサーフコミュニケーションズ　二〇一四年)という日本語のガイドブックまで出版され、ちょっとしたポートランド・ブームの感すらある。

なぜ、多くのメディアがポートランドに注目しているのか。人口は六十万という中規模都市で、大企業といえばナイキの本社があるくらいの街だ。しかし都市的な文化と保護された大自然を周辺に併せ持って、アメリカの人気都市ランキングを毎年発表する不動産情報サイト「MOVOTO」の二〇一三年度における「全米で最も住みたい都市ランキング」で一位を獲得。市内にはスタンプタウン・コーヒーをはじめとするサードウェイヴ・コーヒーのロースタリー(焙煎所)が約六十軒。またクラフトビール・ブームの発火点でもあり、市内にビールの蒸留所が二〇〇軒も誕生している。さらには近郊に多くのワイナリーを抱え、ビオワイン(自然派ワイン)・ブームでも牽引的な役割を果たすオーガニック文化のメッカでもある。他にもホテル業界の常識を変えたトレンドスポット、エースホテルの二号店にしてエースを代表するホテルもあり、今では内外から多くの人々が移住し、そして観光に訪れる街になった。

このポートランドという中堅都市に、これほどの活力があり、多くの若者が集まる理由は何か。決してショッピングタウンではなく、ファッションが盛んでもない街がなぜ多くのメディアを魅了するのか、街のキイ・パーソンたちに話を聞いてみた。

消費リテラシーが高い街

「正直な話、なぜ日本で今頃サードウェーヴ・コーヒーと騒がれているかはよく分からないんだ。ポートランドではコーヒーもビールも既に一〇年くらい前から〝クラフト〟が盛んだから」。

ポートランド市の中心でコーヒーショップ、クーリエ・コーヒーを経営するジョエル・ドムレイスはそう語る。幼い頃から一日中コーヒーショップで過ごすこともあったジョエルは、一三歳の頃からコーヒーショップでアルバイトを始める。一〇年前には自家焙煎を始め、五年前にクーリエ・コーヒーをオープン。二〇一四年七月に結婚した日本人妻のサキコさんとともに徹底的にこだわったスペシャリティ・コーヒーを提供している。約六〇軒のロースタリーが集結したサードウェーヴ・コーヒーの聖地、ポートランドの中でもひと際目立つ存在だ。

サードウェーヴの始まりがニューヨークやロサンゼルスといった大都市ではなくポートランドなのは、ロケーションにヒントがあるとジョエルは言う。

「僕たちは何をやるにしてもロケーションに困らないんだ。ポートランド近郊には小規模の有機農家がたくさんあって、ファーマーズ・マーケットで売られているものはすべて近郊のもの。有機農家の直売だから安心して口にできるし、新鮮な上に安価で手に入る。ちょっと行けば魚釣りができるし、ワインは海沿いのワイナリーに行けば手に入る。海水浴やスキー、温泉も片道二時間あれば行けるんだ。思い立ったらすぐ行動できる街なんだよ」。

また、ポートランドの人々は、オーガニックな生活を意識して消費しているわけではないという。

「ポートランドは人口のほとんどが他の都市からの移住者だけれど、オーガニックでエコロジーなものは意識的に流行しているわけではないんだ。オーガニックやエコを意識して、民度が高い暮らしを送ろうと心がけているというよりは、この街ではそれが当たり前なんだ。ポートランドの人はどこで買い物をするか、誰にお金を払うかということに関して民度が高いと思う。つまり、僕たちはお店に行く場合、ローカルかローカルじゃないかという二択で商品を選ぶことになる。メジャーなコーヒーショップか、それともローカルなコーヒーショップか。それは日本でも同じことだと思う。僕が日本に行くなら、もちろんローカルな方を利用すると思うよ。実は日本の喫茶店が大好きなんだ」。

ビジネスにも受け継がれる独立思考のDNA

世界の広告業界の中でも〝クリエイティヴ・ファースト〟（クリエイティヴを最優先にする価値観）を貫き通してきたクリエイティヴ・エージェンシー、ワイデン＋ケネディがスタートしたのもここ、ポートランド。創業者ダン・ワイデンのパートナーであり、同社のクリエイティヴ・ディレクターを長年務めたジョン・ジェイ氏は、世界のクリエイティヴ業界の重鎮である。ジェイ氏は大学卒業後、ジャーナリズム雑誌の編集者として働いた後にファッションにフィールドを移し、ニューヨークの有名百貨店ブルーミングデールズのクリエイティヴ・ディレクターを一〇年以上務める。その後、ワイデン＋ケネディに参加し、ワイデン＋ケネディトウキョウの設立に代表として携わる。現在、再びポートランドに戻った広告界のトッププランナーは、ワイデン＋ケネディの中に構えた彼自身の会社のオフィスにて、ポートランドの魅力をこう語った（※この取材から二ヶ月後の二〇一四年一〇月、ジョン・ジェイ氏は東京のファーストリテイリング本社で記者会見を開き、ファーストリテイリングの副社長に就任し、ユニクロのグローバル・クリエイティヴの最高責任者になったという電撃発表をした）。

「ナイキの創業者フィリップ・H・ナイト、ワイデン＋ケネディの創業者ダン・ワイデンは共にポートランド出身で、共に刺激をし合い、ビジネスを育ててきた絆の深い関係なんだ。ナイキはポートランドのDNAを強力に引き継いでいると思うよ。フィリップもダンもとても謙虚で控えめな人なんだ。その謙虚さは僕たちが置かれている環境からくるものだと思う。森や海に囲まれて暮らしているから、自然の力に太刀打ちできないことは重々承知している。ナイキは豊かな環境がなければ成り立たないアウトドアグッズも取り扱っているから、自然と謙虚な姿勢になるんじゃないかな」。

最近のデジタル工作機械を使ったメイカームーブメントについて、ここポートランドはそのひとつのメッカでもあるのだが、それは産業全体に影響を与えるのか、彼の考えを聞いた。

「それは間違いなく、大きな波になっていると思う。そしてDIYはポートランドの精神のひとつでもある。でも僕は既製品でも個人の手作りでも、いいものはいいし、悪いものは悪いと言いたい。若手クリエイターによるハンドメイドのものでも、ゴミはゴミだからね(笑)。ちょっとハンドメイドやメイカーズ的なものをロマンチックに語りすぎている傾向はあると思うね」。

彼はニューヨーク、ポートランド、そして東京で長いこと広告の第一線で活躍してきたが、今の仕事は「広告というよりブランディングであり、コミュニケーション」だという。それは、広告という手法が前世紀的になっていると感じているのだろうか。

「一瞬だけ消費者の目を捉えることや、目に甘いイメージや言葉だけを伝えることは、それほど重要じゃないと感じている。もっとクライアントもクリエイターも責任感のある仕事をしないといけない。君が書こうとしているこの本のテーマにも通底するけれど、消費が飽和した社会は、ブランドに対して、もっと人々の生活に意味があるものを表現することを求めていると思う。これからのブランドはトレンディーなだけじゃなくて、意味があるものにならないといけない」。

ポートランド的なものが持つグローバルな普遍性

「ポートランドに住む人々は他の地域の人が気にかけないようなシンプルなものの真価を認めている。私たちも日頃編集作業をしながら、ポートランドが持つ自然の偉大さに感銘を受け、時には裸足で柔らかい芝生に触れる。そういった意識に常に立ち返るようにしています」。

そう語ってくれたのは、雑誌『キンフォーク』副編集長のケイティ・ウィリアムスだ。ポートランドにベースを置き、オーガニックな食事や、自然を意識した生活、アウトドアでのアクティヴィティなどを発信し続けてきたこの雑誌は、まさにポートランド的なカルチャーの象徴と言える。ポートランドの編集部を訪れると、広々としたロフトのようなスペースで、ソファーやキッチン等があり、まるで大きな自宅のような居心地の良さ。日本版に続き、韓国版、中国版、ロシア版も発行され、日本でもアクタスと組んだファッション・ブランド「Ouur by KINFOLK」をスタート。その編集方針のスケールはローカルを遥かに超えたものがある。

「私たちは『キンフォーク』の普遍性をアピールし、読者がどこに住んでいても関係ないような、世界中で通用する製品・コンテンツをメディアに取り入れるように努めています。ただ、仮に私たちが意図的に〝ポートランド的美意識〟を誌面上から取り払おうとしても、ポートランドにいれば自然と〝良い食事〟をとり〝アウトドア〟に動き〝意識的な生活〟を送るようになります。この土地の自然な流れが雑誌全体に影響を与えていると思うんです。

この雑誌は、丁寧に暮らすことの大切さを気付かせるきっかけのようなもの。世界規模のスケールをキープすれば、このトレンドはそのまま恒常的ストレスや近代的生活から解放された未来へとつながり、人々が人生における優先事項を再確認し始めるきっかけになるんじゃないかと信じています」。

快適すぎるポートランドの問題点

しかし、活力のある若者が集結し、独自のビジネスを展開するポートランドであるからこそ抱えてしまう問題もある。アート系写真集を中心とした出版社〝Nazraeli Press（ナズラエリ・プレス）〟を経営するクリス・ピヒラー、石渡真弥夫妻は、一四年前にサンフランシスコからポートランドへ移住してきた。近年のポートランドを訪れる若者に見られる傾向について、夫妻はインディペンデント・ビジネスのやりやすさを彼らは求めているようだと述べる。

「ポートランドの経済は、他の都市とは全く違う動き方をしているんだ。大企業はナイキぐらいで、多くの人はフリーランスやアート関係の仕事をしている。求人も多いわけではないから、当然若者も就職より大学進学を選ぶ。ただ、ポートランドを訪れる大学生はウェブや機械工学などをやりたがらず、面白いビジネスを展開したいという志向が強い。〝父親のように週五日で働く必要がない〟という価値観が広まっている気がするね。今までのシステムとは違う生き方を、ポートランドの若い人たちは目指しているんだと思う。だからここではガーデニングや食事など、仕事の代わりに人生を充実させるライフスタイル重視の価値観が共有されやすい。これはポートランドに限った現象でもないけど、ポートランドではそれが顕著に現れているように感じるよ」(クリス)。

個人ビジネスを求めてポートランドに若者が集中し、都市全体の活力が生まれる一方、必ずしも移住者すべてが成功を収めるわけではない難しさも存在する。

「ポートランドは独立したビジネスを行うには最適な環境だけれど、若者たちに過剰な期待をさせてしまう部分もある。仕事が十分にあるわけでもないから、スキルが足りないのにこの街で事業を始めようとする若者たちは、すぐに路頭に迷ってしまう」(真弥)。

先のジョン・ジェイ氏は、最近のポートランド・ブームに対して彼なりの懸念がある。何しろ毎週、日本からワイデンないしは彼のオフィスへの団体の訪問客が来るほど、日本から多くの人がポートランドに訪れているのだから。

「気をつけないといけないのは、クリエイティヴに携わる人にとって、この街が最適ではないということだよ。自然豊かな都市で、インディペンデントな文化もあるし、たくさん若者やクリエイターがやってくる。

けれどクリエイティヴの人間にとって大切なことは、現状に満足せず常に変化し続けて、競争に負けないようにすること。例えば、ニューヨークには世界中から優秀なクリエイターが集まっている。自分より優秀な人間に勝つためにリラックスはしていられない。全クリエイターがそう考えているから、他の人より少しでも良いものを作ろうとし、結果的に最高のクリエイティヴがニューヨークで生まれる。その反面、自然豊かなポートランドの美しさは、競争に打ち勝つエッジを際立たせはしない。

ポートランドは快適すぎるんだね。だからバランスをとることが大事だと思う。今いる場所に依存しないためにも、旅をすることはすごく大事。自分の知らない世界を見て謙虚になれるからね。クリエイティヴであるには、常に動いてないといけないんだ」。

ダウンシフターという新たな消費者像

「シアトルと北西太平洋岸では、低消費で従来のものに代わる、明らかに中流階級のものといってよいライフスタイルが出現しつつある」と書くのは、ジュリエット・B・ショア。アメリカの著名な経済ジャーナリストである彼女の著作『浪費するアメリカ人』（岩波書店　二〇〇〇年）において、彼女はアメリカの行き過ぎた消費主義と、そこから脱しようとする低消費的ライフスタイルを送る人々＝ダウンシフターの様子を丹念に描いている。いわば、アメリカ版物欲レスな人々のことだ。

「ドラッグ、アルコール、それに食べ物の消費と同じく、多数のアメリカ人は〝買い物依存症〟と呼ばれる精神的障害を持つようになる人もいる」とショアは指摘する。結果、いくら買い物をしても心が満たされない人々が増加する。「多くのアメリカの中産階級が物質的に不満を感じているのはなぜか。彼らが常に心に買いたいものの〝欲しいものリスト〟を携えて歩き回っているのはなぜか。また、この国は明らかに世界のどの国より貯蓄が少ないのはなぜか。これらの疑問について論じているのが本書である」。

ここでショアがそこから抜けだそうとしている低消費な生き方を実践している人たち＝ダウンシフターをこう定義している。「ダウンシフターは、過度な消費主義から抜け出し、もっと余暇を持ち、スケジュールのバランスを取り、もっとゆっくりしたペースで生活し、子どもともっと多くの時間を過ごし、もっと意義のある仕事をし、彼らの最も深い価値観にまさに合った日々を過ごすことを選んでいる」。

このショアがダウンシフターと呼ぶ人たちとその運動は、第一章で紹介したジョン・ガーズマ&マイケル・ダントニオの『スペンド・シフト』とほぼ同じ指向性を持っている。ここではリーマン・ショック以降、アメリカ人のかなりの割合が消費への意識が変わり、それが一過性のものではなく、新しい生き方として定着しつつある様子を描いている。筆者はスペンド・シフトによる生き方の変容をこう説明する。「借金の時代はモノが主役だったが、貯蓄の時代となったいま、世の中を動かすのは意味である。私たちは物質主義を捨てて、実のあるものを重んじる姿勢を強めている。何を持っているかよりも、私たち自身に何が備わっているかが大切になってきているのだ」。

さらに『スペンド・シフト』はアメリカの未来を極めて楽観的に占う。「アメリカは世界の主要国のなかでいち早く産業重視から勤勉重視へと転換し、世界の利益と自国の繁栄のために、二一世紀流のアイデアを輸出できるはずだ」。

そう、まさにそれが今のポートランドで起きていることと言っていい。アメリカは過剰な消費主義から我れ先に抜け出し、ダウンシフトまたはスペンド・シフトという物欲レスなライフスタイルを世界に輸出しようとしているのだ。

アリババ上場が示す中国市場の消費熱

アメリカを筆頭とする先進国が物欲レスの領域に踏み入れようとしている中、もう一方の超大国の様子も気になってくる。そう、中国のことだ。中国は、欧米や日本のような、消費主義の踊り場を迎えた停滞感とは異なる、いまだ衰えない成長力を見せつけている。

中国の電子商取引最大手のアリババ集団がニューヨーク証券取引所に二〇一四年九月一九日に上場したニュースは、そのスケールに驚かされた人も多いだろう。一九九九年に創業し、わずか一五年しか経っていない新興の企業の時価総額が二五兆円にもなり、あのフェイスブックの時価総額も超えたのだ。背景には、いまだ消費熱が衰えぬ中国市場への強い期待感がある。

旺盛な消費欲を示す現在の中国人は、中でもラグジュアリー・ブランドへの関心が呆れるほど強い。経済誌『エコノミスト』が二〇一四年に行った調査によると、中国のラグジュアリー・ブランド市場は世界市場二九%の規模に達しており、今やアメリカ、日本をも超えて世界最大の売上を誇る（中国人観光客による中国本土以外での購買も含む）。ヨーロッパ人全体の売り上げが二〇%でしかないことを考えると、驚異的なラグジュアリー消費熱と言っていい。

危険水域まで達した都市と農村の格差

しかし、中国の経済が成長し、国民の生活が全体的には豊かになっている一方で、都市部と地方民の格差が深刻となっている。「中国民生発展報告二〇一四」によると、中国の国内個人資産の三分の一を人口の一%たらずの富裕家庭が握っている。また、それに対し貧困層を含む下位二五%の家庭は、国内個人資産の一%しか所有していないのだ。さらに報告によると二〇一二年の段階で家庭の所得格差を示すジニ係数は〇・七三に達したという。ジニ係数は一に近づくほど格差が開き、〇・四を超えると社会不安が広がるとされているので、この数値はまさに格差がほぼ危険な状態まで広がってしまっていることを示している。

また、都市戸籍を持つ富裕家庭は給与以外にも事業収入と資産収入をもち、特に不動産を主な収入源としている人が多い。彼らの資産価格は物価、地価に比例して上昇し、富を貧困層から奪っていく悪循環をまねく。こうして都市部と農村地帯の生活状況の格差がどんどん広がっていってしまっている。

中国のライフスタイル格差を写す写真家

そんな激変する中国人のライフスタイルを白日の下に写し出す写真家がいる。中国の黄慶軍(Huang Qingjun／ホァン・チンジュン)氏は〝Family Stuff(家財)〟をテーマに、一風変わった集合写真を記録している。人、家、そして家具や家電など一家族の身の回り品すべてを一枚の写真のなかに写しこみ、現在形の中国人の生活様式を表現しているのだ。彼は一〇年間でさまざまな地域の三七世帯を写真におさめ、エリアによる生活環境の違いを記録している。中国の消費生活を記録し続け、海外での写真展も巡回し、国際的な評価を集めるホァン氏にスカイプでインタビューを試みた。急激な経済発展の濁流に翻弄される中国国民を長年にわたって凝視し続けている彼に、中国の消費主義の行方を語ってもらった。

「私は二〇〇六年ぐらいから地域の格差に関心を持つようになったんです。中国には十数億もの人が住んでいるので、個々の家族の違いを見つけるよりも、地域の差を捉えた方が違いがはっきりすることに気づいたんです。家族の生活環境に焦点を当てて撮影し始めたのはそこからですね。家のなかではベッドは寝室、テレビはリビングといったように、家財を違う空間に置いていますよね。でも外に運び出したら、すべて一緒の空間に置けます。そこで一瞬にしてその家族が何を持っているのかを感じることができるし、生活水準もわかるんです。家財が少ないときは、たった二時間くらいで撮影が終わります。例えばモンゴル・ゲル（モンゴルの伝統的なテント）に住む家族は持ちモノが少なかったから、撮影も時間がかかりません。一方で家財が多く、運び出しと撮影に一〇時間ぐらいかかるような家庭もある。今の中国の場合は、撮影時間がかかればかかるほど、その家庭の生活水準は良いということにもなるんです」。

中国における格差の二項対立は都市と農村にとどまらない。北京に一〇年間住んでいるホァン氏自身も、都市の内部で社会階層による格差が生じていることを感じるという。例えば彼の住む地域では、二〇〇八年に開催された北京オリンピックを境に経済格差が拡大した。

「貧富の格差の原因は、とにかく土地の値段です。特に大都市の住宅の値段が一気に上がりました。二〇〇八年から実感では三倍くらいになったんじゃないかと思います。しかもただ上がるのではなく、急激に変化したことが格差の原因だと思うんです。地価の高騰に対し、収入は何倍も大きくなってないんですから。地方の農民の家の値段はあまり変化がなく、元々の値段も安いんです。でも都市で大きめの家を買うには、今なら一千万元（約二億円。＊二〇一五年七月一四日現在一元＝一九・八七円）くらいします。私の実家は黒竜江省（旧・満州）の大慶にあるのですが、そこの年間平均給料は六万元（約一二〇万円）なので、大慶に住む人たちが都市へ移住して、家を建てられるわけがないんです」。

こうした格差問題について、中国政府も対策を練り始めている。都市部と農村部の格差を埋めるため、中国政府は二〇二〇年までに「都市戸籍」「農村戸籍」という二分化を撤廃させることを目標に掲げた。また、二〇一四年からは「城鎮化」政策という、都市と農村の間の格差を是正する政策が始まっている。この政策では中小都市における農民工にも都市戸籍を与え、都市戸籍保有者と同等の社会保険や教育サービスを提供するため「農民工市民化」とも言われている。これにより都市の定住条件も大幅に緩和されるようになり、地方民の生活を改善するための大きな一歩となった。

「この政策は都市の領域を拡大し、鉄道も整備されたので、都市間の移動時間も短くなったんです。結果、国民のライフスタイルの向上にもつながりました。大手百貨店も全国に展開するようになり、大都市で売られているものと同じ製品が地方でも買えるようになったわけです」。

インターネットの普及がブランド熱を煽る

またホァン氏は中国のIT化も国民の生活水準の向上に一役買っていると指摘する。二〇一三年に国務院が発表した「ブロードバンド中国」戦略により情報インフラの整備は加速し、今や都市部での光ファイバー普及だけではなく、農村地域にまでブロードバンド構築の波が広がっている。

「例えば三年前のチベットだったら、まだ彼らは経済についてあまり関心がなかったんです。でも、この数年間で彼らの経済意識はすごく高まりました。それは情報環境が変わったからです。以前は情報があまり流通しなかったのが、今はインターネットのおかげで情報をもっと簡単に手に入れることができるようになりました。世界にはさまざまなブランドの服や靴があること、さらにはそれがとてもセンスが良くて使いやすいものなのだということも知るようになった。そうなると人々はそれらを欲しくなるわけです。新たな情報機器の普及により、彼らのライフスタイルは劇的に変わったと思います。今やほとんどの貧しい家庭も携帯電話を持つようになり、外と連絡をとる手段が簡単になりました。

しかし、政府の規制により、グーグルやフェイスブックは使えません。ただ国内向けのTaoBaoのようなオンラインショップは自由に使えます。ライフスタイルに関しては、言論統制ほど厳しくはないんです。そもそも多くの人はそこに載っている情報が正しいかどうかという判断さえできません。ましてや他の国が中国のことをなんて言っているか知らないだろうし、人々の多くは報道されるニュースが正しいかどうかの判断はできないんです。特に政治に関してはそう。大抵の人々は、ただ良いものを食べ、良い服を着て、良い暮らしをすることだけを望んでいるんです」。

社会発展の過渡期としての「物欲」

急激な情報化と消費主義の台頭。ホァン氏は中国の未来について希望も不安も交えて語る。

「今の中国の格差状況について不満があるように見えて、実は人々のあいだではこれから経済が良くなるという考えが広がっているんですよ」。

事実、現在の都市と農村の間の格差についても変化が見られる。所得格差自体の厳しい状況は変わらないものの、二〇一〇年から格差が徐々に縮小傾向にあり、近年では農村部の所得が都市部よりも速いペースで上昇するようになっている。

では、経済格差が狭まり人々の生活水準がさらに向上したとき、中国の人々はどういうライフスタイルを選択するのだろうか？

「経済が豊かになったところで人々がシンプル志向の脱・消費主義に目覚めるかと言えば、必ずしも皆がそうではないと思うんです。しかし、私が撮影を通してさまざまな市井の人々の日常空間を見ていくなかで、確かに脱・消費の生活を実践している人はいます。もちろん過剰な消費をやめようと思い直す人々はこれから増えていくと思います。でも果てしない物欲は人間が自らを律することの弱さを象徴していて、簡単に止めようがないんです。私は今の中国の大量消費行動はある種の過渡期で、社会を発展させるためには必要な現象だと考えています。経済発展の過程として、物質的な消費が奨励される。ただ、ある水準まで達すれば、人々は次に心理的充足を求めるようになるのではないでしょうか。消費熱の後の心理的欲求を満たすもの、それが現在の中国におけるカウンター・カルチャーになるのだと思います」。

変貌する上海の新しい価値観

猪突猛進的な経済成長の中にある中国において、一方では政府が主導する大量生産・大量消費を基盤とした生き方へのアンチテーゼがあちこちから垣間見られるようになった。アメリカの脱・消費的価値観を代表する雑誌『キンフォーク』は、二〇一四年春に中国版を発売。また中国の多くのメディアで、「ロハス」や「スローライフ」といった言葉が散見されるようになってきた。ロハスという言葉は、日本ではある程度認知されていると思うが、改めて説明すると"Lifestyles of Health and Sustainability"の頭文字をとった造語で、健康的で持続可能なライフスタイルを意味する言葉。一九九八年にアメリカで提唱されたロハスの概念は、その後二〇〇四年に日本のエコ雑誌『ソトコト』が取り上げ、日本でも広がっていった。そして、その波が中国にも浸透し始めている。

とは言え、二〇一四年七月から報じられている〝期限切れ肉〟のニュースでずさんな衛生管理が露見したように、多くの日本人にとって、中国に対するイメージにはロハス的な思想とは程遠い印象があるはず。しかし、幾多のメディアを通して、中国でも明らかに過剰な資本主義的競争の次なる価値観を模索する動きも見えている。この期限切れ肉問題が一斉に報じられる直前の七月一七日から四日間、上海を訪れ、中国の次世代の消費観を作り出す五人に話を伺った。そこから見えてきたのは、経済大国中国に対するカウンター・カルチャーの萌芽と、少数派であるロハス、ポスト消費志向の人々でも一三億の人口ゆえに、ビッグ・マーケットでビジネスが成立する面白さである。なにしろ人口の一%でも一三〇〇万人なのだから。

コモディティ化から愛情のある消費へ

ジェーン・ウーは、中国のロハスなライフスタイル雑誌『LOHAS』元編集長で、中国におけるライフスタイル・ビジネスの先駆者とも言える存在。しかし、彼女自身も当初は、ルイ・ヴィトン、クリスチャン・ディオールなどを擁するＬＶＭＨグループの化粧品部門のＰＲや高級ブランドに勤務し、ラグジュアリーな生活を送る一人だったという。仕事に深くコミットするうちに、外資ブランドの中国チームにはクリエイティヴな制限があることに嫌気がさし、リタイアを決意。Modern Mediaという中国の大手雑誌出版社に転職し、婦人週刊誌の『U+Weekly』の編集に携わる。後に既に創刊されていた同社の『LOHAS』の編集長を務めることになった経緯を、ジェーンは次のように語る。

「『U+Weekly』は多くのファッション・ブランドやコスメ・ブランドがクライアントがついていて、優良広告クライアントの数でいえば創刊されたばかりの『LOHAS』は圧倒的に負けていたの。そこでやむなく休刊する話が耳に入ってきたから、すぐさま私は上司のもとに駆けつけて〝この雑誌は今すぐに売れるものではないけれど、これからのライフスタイルをつくっていく雑誌だから休刊は避けたい。私が編集長になって休刊を阻止したい〟と伝えたところ、上司は渋々了解してくれたんです。将来的に『LOHAS』の読者が増えることは確信していたし、紙の雑誌のみならず、読者に対する何かしらのサービスをつくりたいと考えていたんです。健康的で、幸福で心地よいライフスタイルを提案したいと心の底から思っていたから」。

しかしその後、ジェーンは上司と雑誌の方向性について噛み合わなくなり、やむなく雑誌を去ることになる。雑誌作りを通じて新たなライフスタイルに興味を持ったジェーンは、ロハスの概念に基づいた商品を扱うeコマース事業「Lohasus」を始める。ホームページ（http://www.lohasus.com/）を拝見すると、一般的な日本の通販会社より遥かにセレクトやデザインのセンスが良いことが一目瞭然だ。

「顧客層は二〇代後半から四〇代の女性で、生活の質の向上に興味がある方が多いと思います。他の国では市場規模が小さいロハス・ビジネスだけれど、たとえ人口全体の数パーセントしかターゲットがいなくても、中国は母数が一三億人以上だから、必ずと言っていいほどビジネスは成立するんです。商品は、国内外からセレクトしたものもあれば、自分たちでブランドを作って自社製作したものもあります。セレクトしているものに関しては、すべて私が生産者に会いに行くことにしています。彼らの目を見て、誠実な働き方に触れ、そのまま私がお客さんに伝えれば、それ自体が安全な生産の証明になると思っています。私はロハス・ビジネスのフィールドに六年間いるけれど、ロハスなライフスタイルは、確実に広まっていっていると実感していますよ」。

ジェーン自身がこのような価値観を持つ動機は、ニューヨークや東京で同じようなビジネスを始めた人たちと共通するものがある。

「かつてラグジュアリー・ブランドに勤めていたから、ルイ・ヴィトンなどの高級ブランドを持つのが当たり前の生活だった。でも、徐々にブランドがどれだけ有名か、それが経済的地位を象徴するかよりも、作り手やクリエイターの思想が伝わってくるものに興味を持つようになったんです。これだけ経済がコモディティ化してきたら、人々はより個人的に好きなもの、心が動かされるものを選ぶようになると思う。ぬくもりを感じられない大量生産のものより、職人が愛情込めて作ったものをそばに置きたいと思うのが自然でしょう。大きな高級ブランドが幅をきかす時代は終焉を迎え、個人個人の好みにフィットする小さいブランドがたくさん生まれる時代になると確信しています。もっと心に響く消費に、私たち消費者自身が原点回帰するはずです」。

中国の消費感のギャップは大きくない

中国で彼女のような価値観を持つ若者は、徐々に増えている。上海のズー・イーもその一人だ。彼女は二年前までスペシャリティ・コーヒーの販売を専門とする「Nap Cafe」を経営し、現在は「Black Wizard」というオーガニックな日用品を扱うライフスタイルショップを経営している。店頭には国内外から厳選した良質な商品が並び、eコマース事業を通じて顧客は中国全土に広がっている。

「エコでオーガニックなものを手頃な価格で販売しようという意識から、このビジネスを始めたの。大都市のビジネスは調達手段がスムーズだから、良い商品を国内で手に入れるのはそこまで難しくない。製品のパッケージが真似されることもあるけれど、それも市場拡大のチャンスと考えているわ」。

上海で若者世代が大量消費を抜け出し、インディペンデント・ビジネスを始め出した背景として、彼女はSNSの発達と人件費の高騰を挙げる。

「私もロハスを知ったのは、雑誌やウェブサイトなどのメディアよ。ロハスのパイオニアたちはSNSなどで発信し、着々とカルチャーに影響を与えている。ネット上でさまざまなライフスタイルの人と関わって思ったけど、消費観に対するマジョリティとマイノリティのギャップは思ったほど大きくないの。

また私は以前、スマホのアプリを制作する大きな会社に勤めていたけれど性に合わなくて、それなら自分たちで小規模・小額資金でもビジネスが可能になるeコマース事業に取り組もうと考えたの。

上海はパイオニアたちがどんどん新しい文化や価値観を開拓していく場所。いろんな文化が混ざり合って、スローライフを送るにしてもいろいろな可能性がある。私たちは、今までの画一的な大量消費ではなくて、自分自身でライフスタイルを選択できる幸せな世代だと思う」。

中国が欧米ブランドを支えている現実

リチャード・ヒューは、世界的な広告のクリエイティヴ・エージェンシーとして知られるワイデン+ケネディの上海支社の元代表で、現在はコンサルティング会社の代表を務めるエリート中国人だ。上海市や台湾政府などのコンサルティング、世界的なトーク・イベントで知られるTEDのアジアイベントの総責任者、さらに上海の大学でコミュニケーション、クリエイションを教えるなど、アカデミックの領域にまで活動を広げる上海のキイ・パーソン。彼は中国で萌芽しているロハス志向に対してまだまだ少数派であると主張する。

「中国の主流の価値観は、高級ブランド品を買い求め、大型家電が一杯ある大きな家に住みたいという、ラグジュアリー志向がまだまだ強いと思う。マジョリティの人々はラグジュアリー志向に対してなんら疑問を感じていない。新しいショッピングセンターができれば、人が押し寄せる。ただ、それが新しく大きな店というだけでね。中国政府はロハス志向に対して、〝まだまだ経済をスピードアップさせたいのに、どうしてスローダウンしないといけないんだ〟と思っているんだ。今、欧米や日本で起きている低消費主義を今の中国の人々に教えるのは難しいと思う。僕自身はラグジュアリー志向と戦うつもりはない。ラグジュアリー志向は経済の重要な機能であると思うし、事実、今や中国が欧米のラグジュアリー・ブランドを支えているんだよ」

一方で中国の上流階級や知識層は大量生産・大量消費の経済に対して疲れを感じてきていることも事実であるとリチャードは言う。

「僕が大学で教えている学生も一部はロハス志向だよ。彼らは無印良品などのシンプルなものを好んで買い、スローフード、スローライフを好む。僕はこれらを〝中国のニュー・クール〟と呼んでいる。これらがもっと広がりを見せれば、中国の経済も大きく変わるだろうね」。

中国のロハス層は数パーセントでも巨大な市場に

リチャードのように中国におけるポスト消費の広がりにやや懐疑的な考えもある一方、中国におけるライフスタイルの向上に期待する声もある。ジェーンが以前編集を務めていた雑誌『LOHAS』の現・編集長であるスー・デーもそのうちの一人だ。『LOHAS』は今や実売五〇万部、アプリは約二八〇万ダウンロードを誇る、間違いなく世界一部数の多いエコ雑誌のはずだ。また、近年ではeコマースや実店舗において、雑誌で取り扱った製品やロハスに関連した製品の販売を始めた。『LOHAS』の読者の特徴について、スー・デーは次のように語る。

「彼らは大都市に住みながらＤＩＹや健康食品、そして自分たちで食べるものの栽培などに興味があるんです。完全なオーガニックではないけれど、健康的で減農薬の野菜にこだわる人がすごく多い。ご存知のように、いくつかの中国食品には実際に危険なものが含まれていて、人々は少しずつ危機感を持ち始めています。だから『LOHAS』では有機栽培農場や、日本のように栽培者の顔が分かるようなシステムを紹介して、よりオーガニックな食品に対して読者が敏感になるよう呼びかけています」。

また、物価が上昇したものの、オーガニック食品の値段にはほぼ変化がないことを指摘し、実際のところ有機食品はそこまで高くないことを強調する。

「人々はラグジュアリーなアイテムを欲しているけれど、それに比べればロハスなアイテムは安いものだと思う。それに、もし高いと感じたとしても、製品の良さに気付けば正当な価格だと思うでしょう。経済発展が以前に比べて緩やかになった今だからこそ、一部の人々は本当に必要とするものは何かについて考え直せるようになったんです。実際、ここ数年でロハスに目覚める人は急速に増えています。幸せを手にするためのお金稼ぎよりも〝幸せとは何か〟、例えば仕事や家族、食生活など、見えないものの価値の方が重要になると思います」。

では中国市場において、ロハスは将来どのような展開を見せるのだろうか。

「メインストリームな文化にはならないと思うし、私たちもひたすら市場拡大していきたいというハングリー精神はないんです。でも、中国市場はとてつもなく大きいから自然と巨大なマーケットにはなっていくでしょう。主流派にならなくても、世界で最も大きなロハス・マーケットができる可能性があります」。

『LOHAS』は生産者と信頼できる関係性をつくり、小額投資で始められるeコマースで商品売買し、インターネットや雑誌を通じて新たなポスト消費の思想を届ける。それはまさにアメリカの西海岸やブルックリンで行われているニュービジネスと共通する価値観がある。

上海のファッション人種も「服よりライフスタイル」

ミラノに拠点を置く世界的セレクトショップ「10 Corso Como／ディエチ・コルソコモ」が二〇一三年一二月にオープンした上海店は、独立したウルトラ・モダンな建物で、四フロアもの広々とした売り場を誇り、ミラノ本店よりも大規模な先端ファッションの殿堂。カフェやレストラン、ギャラリーも併設し、上海の高感度なファッション・ピープルのサロンとなっているこの店でマーケティング・ディレクターを務めるジェミラ・シューに、上海の流通の最先端で起きている変化を伺った。

「私たちの店はライフスタイルに関心があるお客様が多く、そしてそのお客様が集まるプラットフォームとして店舗を活用しています。海外のデザイナーを呼んで、ファッションの裏側にあるストーリーを話す機会を設けたり、イタリア映画を上映してファッションやデザインを考える機会を提供したりして、新たな顧客コミュニケーションに取り組んでいます。そういう取り組みがライフスタイルに関心があるコミュニティをつくりだしていると思います。

数年前はいわゆる高級ブランドを買うことがステータスとされていたけど、今はもっとパーソナルでユニークなスタイルを求めている人が多いんです。どのような食事をとるか、どのような洋服を着るか、どのような生活を送るか、そのひとつひとつがその人自身の人生に対する態度を示すと思うんです。私たちは服だけではなく、新しいライフスタイルを提案しようとしています。そして上海もそういう領域に進みつつあると思うんです」。

今の先進都市で確実に広がりつつあるラグジュアリー離れの傾向について、ジェミラはこう答える。「その潮流は感じています。それらの都市は既に成熟していて、個人個人が既に各々の態度を確立しているから。個人的な意見としては、まだ上海、そして中国はその次元まで行っていると思えません。ただ、そういう態度を持っている人はここ上海でも現れています。まだ少数派ですけれど」。

オーガニック通販を行う「Black Wizard」のズー・イーは、村上春樹を愛読し、スペシャリティ・コーヒーを愛飲する、まさに今のユニバーサルな新世代のひとり。そんな彼女にとって幸福とは何だろうか。「今までは幸福は、上から決めつけられていたと思う。これを買ったら幸福、ここに住んだら幸福と、共産党政府や大企業がその価値観を押し付けていた。でも、幸福はもっと個人的なことだし、一人一人が定義すればいいはず。私たちの世代はそれにやっと気づいて、一人一人の幸福感が違うということを楽しんでいるんだと思う」。

巨大な船の舵の切り方

大衆の多くが消費の快楽に目覚めたばかりの超大国・中国。しかし、伝えてきたように一部の層は、この消費主義の次なる地平に進みつつあるのがわかる。なにしろ分母の大きい国なので、一部といってもその数は巨大になり、中国のオーガニックな消費者人口が日本のそれを超える勢いであるように、ポスト消費主義な人々も日本のそういう人数を超えることが予想される。

アメリカの中流階級の多くは、ほぼポスト消費主義の価値観を身につけているというのが私のここ数年の実感だ。ただアメリカの政治の世界における民主党支持派と共和党支持派の根深い思想対立があるように、この超大国は一気にひとつの色に染まったりはしない。だがダウンシフターやスペンド・シフトという物欲レスを示す言葉がメディアで飛び交い、消費主義の行き過ぎに対する議論がさまざまな領域でなされるなど、政治の世界と同様に、大きな合意形成を試みる力がアメリカのメディアにはある。アメリカ人の多くは消費主義の次なる地平——それを「物欲なき世界」と呼ぼう——をおぼろげながら見ているのだ。

巨大なふたつの船は、それぞれ——一方は急速に、一方はゆっくりと——今までと違う方向に舵を切りつつある。さて、日本という小さな船は、世界の潮流を凝視することなく、今までと同じ方向に進むのだろうか。

3.

モノとの新しい関係

A New Relationship between Men and Products

ブルックリンのカスタムメイド店主の思想

ニューヨークのブルックリン、そしてサンフランシスコやポートランドの街を歩くと、店内にミシンを置いている店が増えていることに気づいてくる。それも今までのスーツの仕立てをやるような店ではなく、デニムやボタンダウン・シャツといったカジュアル・ウェアを扱う店が中心だ。そこではミシンと向き合ってタトゥーを入れた若いスタッフがなにやらシャツやパンツを縫っている姿を目にするようになった。

二〇一四年の一月と九月にブルックリンに訪れた際に、中でも印象深い店のひとつに「ローレン・デニム」という店がある。決して広くない店内に三台の日本製JUKIのミシンがあり、そこで若い男性スタッフが器用にミシンを操りながらデニムを縫っている。つまり、店でもあり工房でもある場所なのだ。店員と話をすると、基本の型がありながらも客の要望に応えて作り販売するカスタムメイド・デニムの専門店という。お洒落なウェブサイトも構えていて、そこからもオーダー出来るようになっている。そのオーナー、ローレン・クロンクを大きく紹介する記事がアメリカの雑誌『インタビュー』（二〇一三年一二月号）に掲載されていた。彼は以前、リーバイス、ラルフ・ローレンといった大手ファッション・ブランドで働いていた経験を持つ。ローレン・クロンクは彼のハンドメイド、カスタムメイドのデニムにかける想いを次のように語る。

「僕はローカルでモノを作れることを信じたい。そして地元の人々が地元で働けて食べていけることはとても重要なことだと思っている。このブルックリンという街は、以前は衣服の生産地だったから、それを再興させたいと思う。僕は顧客をひとかたまりのターゲットとして捉えたくない。それぞれの顧客は、商品が丁寧に配慮されたものを尊重するはず。僕らのデニムを買うと、それは生地のクオリティ以上のものがあるのを感じてくれるだろう。この場所で僕らがやっていることは、地元の小さなビジネスをサポートすることであり、失われた商業のあり方を復権させることでもあるんだ」。

大量生産の始まりは衣服から

ミシンに改めて光が当たることで、見えてくることがある。本来、ミシンひとつあれば衣服の多くは作れるものなのだ。しかし人々はいつから服を「買う」ものとみなすようになったのだろう。それには大量生産・大量消費という社会の仕組みの起源に立ち返る必要がある。衣服の大量生産の起源には諸説あるが、一八世紀のジェームズ・ワットの蒸気機関の発明に端を発する産業革命、そしてその中心的な商品であった衣類の大量生産がきっかけというのが定説となっている。イギリスで起きた産業革命は、紡績機と織機を発明し、これにより布製品の大量生産が可能になった。

そして、既製服というのが誕生する。これはアメリカで始まった。アメリカのボストンにボストン縫製会社が一八一三年に誕生し、主に港で労役する人夫や水夫の作業服を製造・販売したことが先駆けと言われている。その後、アメリカ南部の黒人の作業服、そして軍人の軍服を作る会社が誕生し、作業着、ユニフォームとしての既製服が登場する。

これらの既製服の誕生の背景には、ミシンの発明があった。一八四五年、エリアス・ハウがミシンの原型を考案し、アイザック・シンガーによって受け継がれた。現在の世界的なミシンメイカー、シンガー・ミシンの創設者である。このミシンの発明と普及によって、それまで一般家庭で自分たちで裁ち縫っていた衣服の成り立ちが劇的に変わる。一八六〇年にはアメリカの衣服の市場で二〇%ほどであった既製服が、一八九〇年には五〇%になるまで発展する。

その後、二〇世紀以降の衣服の市場は既製服が大半を占める。第二次世界大戦後、戦勝国だったアメリカは、軍服などを生産した巨大な既製服産業がその機構を活かして一般向けの既製服を生産するようになり、そのアメリカ的な既製服が世界を席巻していくことになる。今や既製服は、アメリカ市場においては九五％ほどの普及率を誇る。日本においても既製服に対する需要が自家裁縫を上回るのは一九七〇年前後頃だという社会学者、井上雅人《いのうえまさひと》氏の論文「洋裁文化の構造」がある。ということは、つまり、日本人の多くが既製服を着るようになったのは、大阪万博頃、ビートルズも既に来日し、高度経済成長に一段落がつきつつある時期だということになる。それ以降、服はほとんど買うものであり、自宅で作るものではなくなった。つまり、人類の長い歴史の中で、服が自分たちで作るものから既製品を買うものに変化したのは、わずか半世紀ばかりのことなのだ。

現在、さまざまなメディアで語られるラグジュアリー・ファッションという言葉も、本来は貴族、富裕層向けの「注文服」であったのが、いつの間にか「既製服」中心のものに変容している。ラグジュアリー・ファッションの本場、パリが第二次大戦後、貴族階級の没落により、それまでの高級注文服だったオート・クチュールを維持するのが経済的に難しくなり、顧客からのオーダーというシステムを大転換し、デザイナーの名前の下で既製服を大衆に売るというシステムに変更したのがプレタポルテ（フランス語で「既製服」という意味）の始まりだ。元来、オート・クチュールの格下げの概念として捉えられておかしくないプレタポルテだが、日本ではそれが「高級既製服」と訳されて広まる。きっかけは、日本の繊維メイカー、百貨店による欧米の有名デザイナーとの契約と、それに伴う既製服の流行商材化だ。

カネボウがクリスチャン・ディオールと一九六四年に契約し、東洋レーヨン（現 東レ）がイヴ・サン・ローランと一九六三年に契約、帝人がジバンシイと契約する等、日本の繊維メイカーがパリのファッション・デザイナーの服を国内で大量生産するというビジネスが生まれる。安くてカッコ悪い既製服から、高くてお洒落な既製服が誕生するのだ。この方式は、日本だけでなく、世界各国に浸透していく。

その後、欧米のラグジュアリー・ファッションは、これらのライセンス契約による既製服を売上の中心とするビジネスから、本社の生産（または委託生産）による、よりハイクオリティな既製服ビジネスにシフトしていくのだが、いずれにせよ、注文服ではなく既製服であることには変わりない。

ミシンが一九世紀に果たした役割

ここで改めてミシンという機械の果たした役割に目を向けたい。産業革命によって、紡績と織りの作業は工場で行えるようになったが、縫製は家庭での生産に頼っていた。ミシンは家庭内で衣服を縫製するうえで必要不可欠な重要な機械になった。また女性に仕事や報酬を与えるという面でも、ミシンは女性の地位や権利の確立に大きく貢献した。

日本の草分け的ミシンメイカー、蛇の目ミシン工業の顧問、江端美和《えばたみわ》氏はこう語っている。「ミシンは文明は造れなかったが、文化を創出してきた」（『生活やものづくりの学びNetニュース』第八号　二〇一四年七月）。

3Dプリンターという現在のミシン

かつてのミシンのような役割を今、担っているモノがある。「3Dプリンターは、現在のミシンだ」とチャド・ディッカーソンは言う。一般人の手作りのモノをネットを通して売り買いするサービスを提供して急成長するアメリカのウェブ流通サービス、エッツィーのCEOだ。イギリスの「ザ・ガーディアン」紙の記事（二〇一三年六月七日）で彼はこう語る。「人々が3Dプリンターで作っているものはハンドメイドっぽく見えないかもしれないけれど、エッツィーの定義では、これらはハンドメイドなんだ。そしてそのテクノロジーは急激に進化している」。

3Dプリンターなどのデジタル工作機械の急激な普及によるアメリカの新たなモノづくり革命をレポートしたベストセラー『メイカーズ』を著した元『ワイアード』編集長のクリス・アン

ダーソンは、現在起きているネット世代によるモノ作りの潮流をこう記している。「ウェブのすごさは、それが発明だけでなく生産の手段をも民主化したことだ」。

大量生産の時代には技術と設備と投資が必要になるため、製造業は、大企業と熟練工にほぼ独占されてきたが、それがいま変わり始めているとアンダーソンは指摘する。理由は「モノ作りがデジタルになったからだ」と。モノはスクリーン上でデザインされ、デジタルファイルとしてオンライン上でシェアされるようになったため、これまでの数十年間に工場や工業デザインの会社で行われてきたことが、個人のデスクトップや工房でも行えるようになりつつあるという。

アンダーソンによると、メイカームーブメントには三つの大きな特徴がある。ひとつは、デスクトップのデジタル工作機械を使って、モノをデザインし、試作すること、つまりデジタルＤＩＹ。二つ目はそれらのデザインをオンラインのコミュニティで当たり前に共有し、仲間と協力すること。三つ目はデザインファイルが標準化されたこと。このおかげで誰でも自分のデザインを製造業者に送り、欲しい数だけ作ってもらうことができる。これが、発案から起業への道のりを劇的に縮めている。

これらの特徴を伴った新たなデジタル時代の市民のモノ作りは、原点回帰でもあると彼は言う。「いま僕らが目にしているのは、新しい時代の家内工業への回帰だ」。

実際に３Ｄプリンターの市場は急拡大している。アメリカの業界誌『RnR Markets Research』

二〇一四年二月号の調査によると、世界的な需要は毎年二〇%以上拡大し、二〇一七年には六〇〇〇億円になるだろうと語り、同じくアメリカの業界誌『Markets and Markets』二〇一三年一一月号では二〇二〇年には一兆円に届くだろうと予想している。

カスタマイゼーションの大きな波

この劇的に進行しているデジタル工作機械によるカスタム化の波を描いた本が登場している。『カスタマイズ【特注】をビジネスにする新戦略』(CCCメディアハウス 二〇一四年)は、本人自身もシリアルバーをカスタマイズするビジネスで成功を収めたアンソニー・フリンと、彼の妹でジャーナリストのエミリー・フリン・ヴェンキャットの共著。ここでは自分の事例だけでなく、幅広くアメリカで進行しているカスタマイゼーションの動きをレポートしている。アンソニー・フリンはこの本で宣言する。「カスタマイゼーションは単なるトレンドじゃない。二〇四〇年までには、食べるもの、着るもの、車、広告、海外旅行と、消費者の買うものすべてが、個人の好きなようにカスタマイズされるようになる。ありとあらゆるものが」。

フリンによると、現在進行中のカスタム革命には、まったく新しい大きな特徴があるという。「産業革命以前は、カスタムメイドが当たり前の時代だった。シチューにしろ、カーテンにしろ、なんでも自分で手作りしていたからだ。でも今のカスタムメイドは、自分の手で作るドゥー・イット・ユアセルフ（ＤＩＹ）ではなく、いわば〝クリエイト・イット・ユアセルフ（ＣＩＹ）〟だと私は思う」。

彼はこの背景にあるデジタル工作機械やネットの普及による、カスタマイゼーションの民主化をこのように説明する。「二〇〇〇年以前であれば、ＣＩＹは、超富裕層だけの特権だった。サビル通り（訳注：高級紳士服店が建ち並ぶロンドンの街路）のテーラーに作らせたオーダーメイドの服や、住み込みシェフに作らせた料理を自慢できるのは、一握りのエリートに限られていたのだ。しかし二一世紀に入った頃から、ＣＩＹが工業的な量産体制（マス・カスタマイゼーションという専門用語でも知られる）で実現できるようになった。

この本では、アメリカで勃興する新たなカスタマイズのビジネスを幾つも紹介している。メイド・トゥ・フィット・ミー（Made to Fit Me）、プロパー・クロス（Proper Cloth）、シャツマイウェイ（ShirtsMyWay）、ブランク・ラベル（Blank Label）といったカスタム・アパレルの会社では、顧客自身がデザインしたワイシャツやスーツ、シルクのドレス、トレンディーなスカートなどを、個々の顧客の寸法（顧客が自分で測ったもの）に正確に合わせて作っている。驚くべきは、こうした完全カスタム服が、デパートで売っている市販品とだいたい同じくらいの価格で作れてしまうこと。また、消費者が自分の写真を使ってデザインできる会社、デザイン・ユア・オウン・アイウェア(Design Your Own Eyewear)は、利用者に自分の写真をアップロードさせ、いろいろなメガネフレームを顔写真に重ね合わせ、コンピュータ上でサイズや形を調整できるようになっている。

カスタマイズはモノが過剰な時代に、モノを減らし、無駄を減らすと彼らは唱える。「情報過多とセットでわれわれを悩ませているのが〝物質過多〟だ。カスタマイズ・ビジネスモデルが最も役立つのは、この部分ではないだろうか。カスタムの世界では、誰かが欲しいと言わなければ何も作られないのだから、無駄が激減するはずだ」。

あらゆるグッズのカスタマイゼーションを手掛ける、推定時価総額二億七五〇〇万ドルの企業ザズルの共同創業者ジェフ・ビーヴァーは、カスタマイゼーションによる恩恵を「消費者は初めて自分の運命を自分でコントロールできるようになった」とこの本で語る。「カスタマイゼーションは、今日の大量消費の世界で最も大きなトレンドだ。それは、消費者がいつも望んできたことが、テクノロジーの発達(最も顕著なのがインターネットとオンライン・デザインツール)によってかない、大量生産品と同等の価格、品質、スピードで提供できるようになったからである。それにより、消費者は初めて自分の運命を自分でコントロールできるようになった。マス・マーケティングの手口にも詳しくなり、もうだまされない。それまでの一〇〇年間のように、売る側の言いなりにものを受け入れることはしなくなった。今は、自発的にものを作ったり、発信したりしている。では、なぜカスタマイゼーションがまだ普及していないのか。それは、消費者の大半が、カスタム商品を量産品と同じ値段と品質で入手できることを認知していないためだ。わが社ザズルの大きな目標の一つは、どんな品物にも高品質のカスタマイゼーションが可能な収益構造を築き上げることだ。われわれは、カスタマイゼーション界のアマゾンになることを目指している。自分のニーズに合ったシリアルバーや、自分の行きたいところだけが載っているトラベルガイド、自分の写真のギフトを入手できることに一旦消費者が気づけば、もう元には戻れないだろう。唯一の課題は、そのことを広めるのに、どのくらいの時間がかかるかということだ」。

eコマースの民主化

このようなデジタル時代のハンドメイド、カスタマイズの潮流に乗って、学生が瞬く間にビッグビジネスにした例がある。Tシャツという最も汎用的な衣装で、ユーザーのカスタマイズをコンセプトにしたビジネスを手掛けるのが、アメリカの「TEESPRING／ティースプリング」。二〇一一年にサンフランシスコのブラウン大学に通う二人の大学生が始めたこのビジネスは、一般ユーザーがオリジナルのTシャツをデザインしてサイトに送り、それをネットで見た購入希望者に通信販売するというサービス。デザインした者には、あとで売れた分だけのロイヤリティが入るという仕組みだ。最初は数百枚の売上だったが、二人がスタートアップ・ベンチャーのYコンビネーターからの資金調達に成功し、一気に規模を拡大。今や年間に七〇〇万枚のTシャツを販売し、年商も三七億円というビジネスになった。現在一七〇名の社員を抱え、さらなる六〇億円もの資金調達にも成功し、ケンタッキー州に三〇〇名が働ける工場と物流センターを建設予定というサクセスストーリーを驀進中《ばくしんちゅう》だ。

若きCEOのウォーカー・ウィリアムズは『フォーブズ』誌二〇一四年一一月一八日号の取材でこう語る。「これはTシャツのビジネスでもなく、クラウドファウンディングの実例でもない。アイデアは簡単に実現できるという考えを示しているんだ。僕らが必要としているのは、アイデアを伴ったヴィジョンなんだ」。また業界紙「VENTURE BEAT」二〇一四年一一月一八日号ではこう宣言する。「これはeコマースの民主化だ」と。それにしても、なぜTシャツなのか？ウィリアムズいわく「Tシャツは最高の自己表現のメディアだからさ」。

実際にティースプリングのサービスによって、自分がデザインしたTシャツのロイヤリティで稼ぐ者が続出している。経済ニュースサイト「ブルームバーグ」二〇一五年四月一七日の記事によると、ティースプリングの人気Tシャツをデザインした元レストラン・マネージャーのベニー・ヒューは、一年間で一四〇〇万円のロイヤリティを得たという。また元警備会社勤務のキンバリー・スプリンガーは実に一年間で二六〇〇万円のロイヤリティを獲得している。このようにティースプリングからTシャツのロイヤリティで年間一〇〇〇万円以上稼ぐ人は、数百名にのぼるという。中にはロイヤリティが年間一億円を超える者も登場しているとCEOのウィリアムズは語る。

ティースプリングに投資したスタートアップ・ベンチャーのYコンビネーターのサム・アルトマンはティースプリングの可能性について「人々がまさに求めるものをカスタマイズされて提供するオンデマンド・eコマースは強力なビジネスになる」と語る。

CEOウィリアムズの夢は尽きない。「次のステップは、Tシャツだけでなく、帽子やポスター等を手掛けたい。僕たちは、ブランドの誕生の仕方を変えようと思うんだ」。

人間は規格品じゃない

「人間は規格品じゃない。なぜジーンズも規格品でないといけないのだろう?」。それがハリー・シャハリの創業の動機となった。客のサイズや好みに合わせてカスタマイズするジーンズを製造・販売する会社「Make Your Own Jeans/メイク・ユア・オウン・ジーンズ」の代表を務めるシャハリは、ジーンズ愛好家でいながら、常にどこかしら不満があったという。特にジーンズのサイズに関してはどうもフィットしないと考えていたそうだ。

ウェブサイト「PR WEB」二〇〇九年九月九日の記事によると、二〇〇五年に始めたこのサービスは、イーベイでかなりの反響があり、瞬く間に世界中からオファーが舞い込んだという。購入した客は、自分がカスタマイズしたジーンズを着た写真をよく送ってくれるそうで、それらをアップしたウェブのページ「カスタマー・ギャラリー」も好評なのだという。

自分で作ることを取り戻す場所としてのファブラボ

世界的に広がるメイカームーブメントを国内で体現する象徴的な場所のひとつがファブラボ鎌倉。ファブラボとは「人々にデジタル工作機器を利用する機会を提供することで、個人による発明を可能にする」をコンセプトにした、メイカーズラボ（ものづくり工房）。歴史を感じさせるファブラボ鎌倉の建築は、一八八八年に建てられた酒造蔵を秋田県から移築してきたもので、美しい木造建築の中にデジタル工作機械がいくつも並ぶ新旧取り混ぜた居心地のいい空間。ファブラボ鎌倉のディレクターである渡辺ゆうかさんは、鎌倉という場所を選んだ理由を「地域性が出たラボが各地に広がった方が絶対面白い」と思ったからだという。

「日本でファブラボを立ち上げる場所として、都市部にアクセスがよくて、いろんな人が通いやすい場所を考えていました。でも、自分が住みたいところに作らないと長続きしないなと思ったんです。同時に、ファブラボ自体は都市部のフランチャイズのような広がりをするよりも、地域性が出た方がいい」。

「ファブラボは各地域のネットワークで、人々のデジタル工作機械を利用する機会を提供することで、個人による発明を可能にする場所なんです。日本では、二〇一一年の段階で二ヶ所だったのが、今七ヶ所あります。ただ、大きな組織が取り仕切っているというよりも、立ち上げたいという人が自己責任で立ち上げています。私は元々、多摩美術大学の環境デザイン学科卒なんですが、環境寄りのバックグラウンドを持っていて、人の流れなどのシステムを考えることに興味があり、都市計画の事務所に入りました。その後デザイン会社に転職しましたが、あるとき交通事故にあい、健常者ではない生活の中で世界を見る目が変わったんです。ちょうどそのときに開催されていた『世界を変えるデザイン展』でファブラボに出会いました。ＩＴが働き方を変えてくれたように、デジタル工作機械の普及で新しい働き方なり、仕事の作り方なりがグッと変わるなと直感的に思い、ファブラボに参加することになりました」。

デジタル工作機械の誕生により、モノ作りが人々の身近になり「与えられたものを消費すること」から「自分からモノを作る」へ大きくシフトしようとしている。

「消費者という言葉が生まれたのも二〇世紀で、その前までは人々は必要なものを自分たちで作っていたんですね。企画↓製造↓流通↓販売のプロセスも元々はコミュニティの中にあったのに、海外に行くようになってしまった。でも、だんだんと企画、製造、使い手っていうのが一緒になり始めている。自分たちの手の中に取り戻しているような感覚があるので、新しいことをしているようで結局懐かしいような感じもします。モノを作るのは、結局生きる力とニアリーイコールで、料理を作る、子どもを作る、家を作るなど、作ることと生きることは切り離せない。自分で作るという選択肢が増えていけば、今まで諦めていたことをもうちょっと取り戻せるのでないか、そんな想いを実現できたらいいなという願いで、この場所を運営しています。発注された仕事をデジタル工作機械で効率よくこなすデザイン事務所ではなく、地域の人が作り方を覚えて、自分たちで作れるようになるその〝システム〟を作りたいんです」。

ファブラボではコミュニティラボとして月曜日の朝九時に集合し、建物の清掃を手伝うと二時間工作機械が無料（材料費別）で使用できる「朝ファブ」という活動を行っている。二歳半から七〇歳まで、本当の意味で多様性に富んだ学びの場だ。

「来られる方はアクティヴシニアの方や美大出身の主婦の方などです。参加者の方もデジタル工作機械のことはよくわからなくても、四、五回通う中で理解してきて、自分の特技を他の人に教えられるようになる関係性ができることもあります。関わり方は与えられるんじゃなくて、自分で探す。ここは疑問を投げたら、答えてくれる人がたくさんいる場所です。この場所の根本に流れているのは〝個人の発明を可能にすること〟で、その発明はモノかもしれないし、ライフスタイルそのものかもしれません。自分がやりたいことを実現させるプラットフォームになれればいいなということで、私もライフスタイルをつくれるように考えています。妊娠・出産期の女性がITで自宅作業を可能にしたように、デジタル工作機械の普及が、これからの働き方を変えると思います。子育てを大事にしたい若い人が鎌倉に移り住んでいるのも同じ文脈ではないですかね。鎌倉は、人々が目指していること、時間の流れ、互いに出会いたい人の感度が似ています。場所の持つ力は周波数だと私は思っていて、人は自分の周波数が合うところに行った方が幸せだと思うんですね」。

デジタル工作機械による家内制機械工業

この鎌倉ファブラボの設立にも関わっている、日本でのメイカームーブメントの牽引役である慶應義塾大学環境情報学部准教授の田中浩也《たなかひろや》氏は、この新しいモノづくり革命の可能性を著書『SFを実現する——3Dプリンタの想像力』(講談社現代新書　二〇一四年)でこう語る。「インターネットによって生まれた人と人とのつながりを、ものをつくる行為へと結集すること。それを通じて、空想と現実の距離や関係を変え、両者をつなげていくこと。この運動を〝ソーシャル・ファブリケーション（ＦＡＢ）〟と名付けようと思いました。〝ソーシャル・ファブ〟も頭文字を取れば〝ＳＦ〟になります。二一世紀の〝ＳＦ〟は、フィクションを描くだけではなく、それを社会的に実現していく過程（＝ファブリケーション）までを含んでいるのです」。

田中氏は、３Ｄプリンター等のデジタル工作機械は、モノづくりのある種の原点回帰と捉え、「ネットワークにつながったデジタル工作機械による家内制機械工業」だと言う。

さらに田中氏は、雑誌『AWESOME!』（二〇一四年九月号）の記事で、メイカームーブメントが日本でも広がる背景についてこう語る。

「今の日本は、基本的にモノは全部満たされていて、マズローの五段階欲求説に当てはめてみると、生理的欲求、安全の欲求、社会的欲求、尊敬・評価の欲求の四つの段階の次の最終段階、自己実現の欲求の段階、つまり多くの人が趣味に生きるんだ！　というふうになっていく時代なんだと思う。僕自身も少しそういう感じ。何かもうすべて趣味っぽくなってると思う」。

二一世紀のＳＦはサイエンス・フィクションではなくソーシャル・ファブリケーションと謳う田中氏は、空想小説と訳されるサイエンス・フィクションのような空想力がモノづくりにも重要だということを力説する。

「要は人間が生きていくのには、空想と現実の適切な距離の置き方が必要。その二つをときどきスパークさせなければいけない。現実を空想化することも必要だし、空想を現実化することも、その両方向の翻訳が必要だということも、本の中に書いていて。だから、そのうまい距離感に現実と空想とが落ちていないと、常に気持ち悪い。すべての人間が、現実と空想の〝あいだ〟にまたがって生きているのだと思う」。

服のリサイクル団体による思い入れの復権

デジタル機械による民主的なモノ作りだけでなく、デジタルなネットワークを使った民主的なモノ作りも生まれている。古くなった服を持ち寄り、それらに新たにプリントや刺繍、裁断などをして新しく蘇らせ、交換するという活動を主催している団体がアメリカにある。「Swap-O-Rama-Rama（スワップ・オ・ラマ・ラマ）」という衣服のリサイクル・コミュニティは、全米各地でイベントを主催している。二〇〇五年に立ち上げたウェンディ・トレマインは、彼女の本『The Good Life Lab』(Storey Publishing　二〇一三年）でその意図を語る。

「私たちは、新しいモノを買うのではなく、自分たちのモノをつくろうとスタートしたんです。そこで、見捨てられているものに興味があり、それらゴミのようなものを使えるものに変えていったんです。習慣の変化は、私たちの日々の選択と世界の関係を見直すことに役立ちました」。

さらにウェンディは、ウェブマガジン「SATYA」の記事（二〇〇六年六月）で巨大企業が占拠するアメリカ社会における消費者の復権を唱える。

「私たちの活動は、巨大産業から創造性を人々の手に取り戻すための招待状なのです。それも単なる消費者ではなく、生産者となるための。産業革命以前は、人々は自分たちの持ち物のほとんどを自分たちで作っていました。人々の身の回りのモノにはさまざまな思いが込められ、ゴミの山ではなかったのです。私たちは、その経験に立ち返る必要があります。かつて人々が自らの手でモノを作るとき、それらをすぐに捨てることはしなかったはずです。なぜならそれらは作った本人にとって思い入れがあるからです。私たちのクリエイティヴな活動に参加してモノを作ることは、ゴミの山を減らすでしょう。なぜならモノは再び人々の思い入れを取り戻すからです」。

深澤直人の壁と人の間

では、モノをカタチづくる第一線にいる人は、モノを取り巻く環境の変化に対してどのように考えているのだろうか。無印良品やａｕのインフォバーなどのデザインで知られる、日本を代表するプロダクト・デザイナーの深澤直人《ふかさわなおと》氏は、無印良品主催のトークイベント「これからの生活によりそうデザインのあり方」で「モノは壁と人の間にある」と定義する。

「世界は塊のようなものと空気のようなモノからできています。人の生活を概念的に考えると壁と人の間に生活の中のいろいろなモノが存在していて、それが壁と体のどちらかに寄っていく現象が起きています。昔は大きな塊だったテレビは必然的に壁に寄っていきました。片や、手の中に入ってしまうテレビも、もちろんあります。電話などは体に近寄るという必然があります。オーディオは体に近寄り耳の中に入ってくる一方、壁自体がバイブレーションしたり、壁に納まったりするスピーカーなども製品化されています。エアコンも壁に埋め込まれ、照明も建築化照明というものが出てくるというトレンドがあります。キッチン家電の中でもキャビネットの中に納まって壁化されているモノもあります。

このように壁と体の間にあった塊としての家電は必然的に消えていくと予測できます。しかし、技術の進歩で姿が見えなくなっただけで、機能は残っているのです。このような製品によって、生活は整然としてきます」。

彼はプロダクトをデザインする者、そして企業も「壁とヒト」のどちらかに収斂《しゅうれん》されていくモノの大潮流を理解しないと、存在意義がなくなると警告する。朝日新聞「ウェブ広告朝日」二〇一五年五月八日の記事で、深澤氏は保有という考えがなくなる未来を語る。

「携帯電話を例にとると、ＳＩＭカードやＳＤカードだけが自分のもので、外側の端末は自分の都合で取り換えていけばいいと考えれば、自分のものという感覚ではなくなってくるはず。つまりモノの機能は利用するけれど、自分が保有するという考え方がなくなっていくというのが、これからの潮流だと思っています。とすれば、手を変え、品を変え〝買いましょう、買いましょう〟と盛り上げて経済成長してきた産業に付随していたプロダクト・デザインは、もはや存在意義がなくなってしまう。そうした兆しが今、すでに現実になり始めているのです」。

世界は脱物質化する

モノがヒトの身体に近づき、または壁の中に収まることが進む時代というのは、モノの物質性が少なくなる時代とも言えるだろう。イギリスのジャーナリスト、ダイアン・コイルはそのような時代を描写する。彼女の著書『脱物質化社会』（東洋経済新報社　二〇〇一年）は、「脱物質化＝ウェイト・レス化」の進行をさまざまな領域で証明し、それへの心構えを説く。いわく「ウェイト・レス化は従来の経済分析手法を時代遅れにする。鍵となるのは脱物質化だ。われわれの経済で価値のある物――われわれが喜んで金を支払う対象――の物理的容量は減少し続けている。コンピュータ・プログラムであろうと、遺伝子情報であろうと、映画や音楽の創造的な内容であろうと、新しいサングラスのデザインであろうと、ガードマンの警備や店員の手助けであろうと、価値はもはや空間に存在する三次元物体にはない」。

脱物質化＝ウェイト・レス化は広範な現象だと述べ、次のようなデータを示す。「過去半世紀における世界産出増加分の三分の一は保健と教育、別の三分の一はメディアを含む広義の余暇に振り向けられた。一九九〇年に米国企業がコンピュータと通信に投じた額は、他のすべての機器に投下した金額を上回り、データ処理従業者数は、石油会社の従業員数を上回った」。

大型の物質であることに価値がある社会から、小型の付加価値性が高いモノに価値がある時代へ。コイルは経済の巨人の言葉を借りて、念押しする。

「経済の脱物質化傾向を最初に指摘したのはアメリカ連邦準備制度理事会（FRB）議長のアラン・グリーンスパンである。彼は一九九六年一〇月に行った講演で次のように述べている。これまで経済的アウトプットを構成してきたのは、大型の物的財――粗鋼、大型車、重厚な木製家具など――であった。ところが過去半世紀の間に技術的、経済的変化が生じ、製品は小型化した。真空管の代わりにトランジスタ、銅線の代わりに光ファイバーや衛星放送、金属の代わりにプラスチックなどが使われるようになった。材料が進化し、ミニチュア化が進んだのである。彼は、〝現在の経済アウトプットの重量は五〇年前より若干増えた程度である。しかし実質付加価値額はこの間三倍以上に増加した〟と述べた」。

日本でも経済の脱物質化を示す公式な調査がある。内閣府による「国民経済計算確報」平成二四年度の経済活動別（産業別）のGDP構成比（名目）をみると、第一次産業のシェアは一・二％

となり横ばい。第二次産業のシェアは、製造業のシェアが低下したことから二三・九％となり、二年連続で低下。第三次産業のシェアは、サービス業などのシェアが上昇したことから七四・九％となり、二年連続の上昇となった。つまり日本の経済でモノの経済は四分の一にすぎず、モノ以外の経済が四分の三を占め、さらに拡大傾向にあることがわかる。端的に言うと、お金でモノ以外のものを買うことが現在の経済の中心と言えるだろう。

モノからコトと人へ

経済がモノから離れていくとしたら、それは何を売る存在になるのか。ビジネスマン向けニュースサイト「ログミー」の記事（二〇一四年二月一三日）「モノから人を売る時代へ　ITがもたらす貨幣経済の終わりと〝新たな価値〟」にて、クラウドワークスCEO吉田浩一郎《よしだこういちろう》氏と楽天執行役員である尾原和啓《おばらかずひこ》氏の対談で、インターネットがもたらす未来像についてこのように語る。

吉田「貨幣経済が終焉に近いのかもしれないと思っていて……。なぜかといえば、貨幣経済は常にお金を貯めたヤツが偉かった。グーグルに置き換えるとＵＲＬや情報がお金です。クラウドワークスでも二〇一五年の新卒のリクルーティングをしていますが、今の若い人はお金の多寡（多いか少ないか）は重要ではなく、そのお金をどう使っているのかが重要だと考えています。つまり、億万長者がうらやましいのではなく、億万長者がお金を使って社会貢献をしていることや、自分の家族を幸せにしていることが重要だと考えています。人そのものに対して価値が出来つつあるという感じがしています」

尾原「フローでモノが簡単に繋がるようになると、もっと直接的にモノ自体を交換することができるようになる。行き着く先は、何を売るかよりも、人を売るという話になるんですね。本の中でも〝モノではなく物語を売る〟という楽天の話をしましたが、本当の最後の最後は物語ですらなく、自分という人生、自分というストーリーを売っているんですね」

モノを買うことから、作ることへ。そして、お金で買うのもモノではないサービスや情報へ。さらにはモノを売り買いするのではなく、人の生き方や物語を売るという次元へ。モノを買うことから作ることへの変化は、ファブラボ鎌倉の渡辺ゆうかさんが言うように「新しいことをしているようで懐かしいような感じ」がする原点回帰的なことではないだろうか。ただ元にあった場所に戻るのではなく、テクノロジーを経由した上でのモノとの新しい付き合い方が立ち現れていると言えるだろう。モノを全く買わなくなるわけではなく、モノを欲する場合に、買うだけでなく作るという選択肢もある時代になってきたのだ。生きる上でモノは必要だが、モノの購買欲に代わる製作欲ないしは創造欲のようなモチベーションが急激に増している時代になった。もはや消費の快楽は二〇世紀的考えになるのかもしれない。

4.

共有を前提とした社会の到来

The Evolution of a Sharing Society

拡大し続けるシェアリング・エコノミー

シェアオフィスという言葉を初めて聞いたのはいつになるだろう。その形態を初めて私が目にしたのは、二〇〇四年のベルリン取材のときだ。東ベルリンのミッテ地区という、旧東ドイツの面影が色濃く残るエリアは、世界中から多くの若きアーティストやクリエイターが集まり、仕事場でも住居でも、古くて大きな空間を他の者とシェアするというのが極めて一般的だった。そのときはベルリンの特殊事情のように感じていたのだが、私の浅はかな認識をあっさり覆して、その形態は今や都市生活のひとつのスタンダードになっていった。

他の人と事務所や住居を共有すること、つまりシェアオフィスやシェアハウスという形態は大都市ではかなり一般化している。かく言う私の事務所も、二〇〇八年から友人の建築事務所とシェアオフィスをしている。同じ空間をシェアして仕事することで不都合はあるかとよく訊かれるが、幸いなことにほとんど問題ないどころか、お互いに情報交換することによる知的刺激があり、備品などを共有することによる負担の低減など、多くのメリットを感じている。

このシェアオフィスのような空間のシェアリングに加え、モノのシェアリングなど、自分の私有制を強く必要としなくなった経済領域がさまざまな領域で拡大しつつある。それらは今、「シェアリング・エコノミー」(共有経済)と呼ばれている。

アメリカのシェアリング・エコノミーの情報を伝えるサイト「The Sharing Economy News」のインフォグラフィックスによると、日用品や交通手段、あるいは空間や時間など多様なジャンルにおいてシェアリング・サービスが誕生していることがわかる。これらを合わせた二〇一四年のアメリカにおけるシェアリング・エコノミーの市場規模は約三兆円にのぼるという。

この背景にあるのは、都市生活の共有化だ。都市においては公共交通機関が何重にも張り巡らされ、人々の多くはアパートやマンション、集合住宅、タウンハウスといった共有性の高い空間に住み、公共の図書館やホールを利用し、ソーシャルメディアを日常的に使っていろいろな情報や意見をシェアし、かつモノのやりとりをする。さらに大都市の地価の上昇はとどまるところを知らず、住居の購入費だけでなく駐車場代も上がる一方で、かつて大型消費の象徴だったマイカーやマイホームはかなり高嶺の花になっている。国土交通省が二〇一五年三月一八日に発表した公示地価によると、東京・大阪・名古屋の三大都市圏の地価は、住宅地、商業地ともに二年連続の上昇。経済ニュースサイト「ブルームバーグ」の二〇一五年三月一九日の記事で、みずほ証券の石沢卓志《いしざわたかし》上級研究員は、「都心では地価がバブルの一歩手前になっているところもある」と述べ、「東京オリンピックまでは地価の上昇が続くだろう」との見方を示している。アメリカにおいても家賃の上昇は止まらない。ロイターの二〇一四年二月六日の記事によると、家賃上昇率は全米一〇〇の大都市圏で三・三%、サンフランシスコやサンノゼを含む一〇のハイテク中心地は五・七%だった。最も上昇率が高かったのはサンフランシスコの一二・三%で、平均家賃は三三五〇ドル！というから驚きだ。サンフランシスコは若い人はシェアハウスにしか住めない街になりつつある。

このような都市環境の中で、空間を、そしてモノをシェアしようという動きは、大都市に生きる人々のスマートな生活防衛本能から生まれたといっていいだろう。ここでは、広がりつつあるシェアという新しい価値観とそのライフスタイルを観察し、それらがもたらす新しいコミュニティや経済について考察したい。

シェア住居の広がり

まず、シェア住居が実際にどれだけ広がっているのかを確認しよう。リクルート住宅総研が二〇一〇年九月発表した「NYC, London, Paris & TOKYO 賃貸住宅生活実態調査」によれば、各国の先進都市で賃貸住宅に住む人にルームシェアの経験を尋ねたところ、東京では約一〇%の人がルームシェアの経験者だった。またロンドンでは六八%、ニューヨークでは五〇%、パリでは二七%となった。ロンドンの驚異的な数字は、ロンドンの住居費の高さによるものと思われる。

ここでは逆に東京の低さが目立つが、これは二〇一〇年夏のデータである。東京でも戸建て住宅を複数人で借りるタイプのシェアハウスにおいては、二〇一〇年時点で「居住を検討したい・興味がある」としていた層が一一・九%であるのに対し、二〇一四年春にリクルート住まいカンパニーが行った調査では二五・五%と伸びている。先進都市におけるシェア住居の拡大は、明白なことがわかる。

なぜいまシェア住居なのか

とはいえルームシェアや集合住宅など、他人との共同生活を営む居住スタイル自体は従来から存在していた。なぜ、いま改めてシェア住居が注目されているのか。

背景には、先述した都市空間の過密化がある。オフィスや商業施設が集中する大都市。その周縁部では、地価・家賃の上昇が止まらない。人も情報も集まる都市で生活したいのなら、都市近郊でのマイホームという選択肢は、コスト的にますます難しくなっている。

このような潮流は、住宅賃貸市場においても共通している。前掲のリクルート住宅総研による調査では、「親元から独立して都市に住まいを求めるとき、若年層の前に立ちはだかったのが、年収における住宅費比率の高さと、居住スペースの狭さだった。上記の二大要素と大都市圏の家賃高騰が、シェア居住を後押しした大きな要素だといえるだろう」との分析が記されていた。その他の各社調査を見ても、ルームシェアやシェアハウスに住む理由の一位はどれも「家賃を安く抑えられるから」だ。さまざまな観点はあるが、都市生活においてまず経済的合理性で見るとシェア住居が有効な選択肢であると言える。

カー・シェアリングの広がり

住宅と並んで、消費や所有の象徴だったものが車だ。こちらのシェアリングも急激に進んでいる。

カリフォルニア大学バークレー校の調査（二〇一四年）によれば、アメリカにおけるカー・シェアリングサービスの会員数は二〇一一年から二〇一四年までの三年間で、六四万人から一六三万人と二倍以上増加している。アメリカ国内だけで、一三四万人の会員がいるという。

カー・シェアリングサービス世界最大手だった「zipcar／ジップカー」は、二〇一三年に世界的レンタカー企業の「AVIS／エイヴィス」に約五億ドルで買収されている。買収当時、約四億ドルとされていた米カー・シェアリングの市場規模を考えれば、相当な高額買収だ。市場の期待が如実に表れている。

日本では、時間貸し駐車場を営むタイムズがカー・シェアリングサービスを展開し、国内最大手となっている。会員数は二〇一四年九月時点で四〇万人を突破。シェア住居の浸透度と同じように欧米から数年遅れてはいるが、確実にカー・シェアリングは日本にも根付いてきている。同社がマツダレンタカーを買収してレンタカー・サービスとの連携が行われている点も、エイヴィス＋ジップカーの動きに近い。広義のレンタカー・ビジネスとして、カー・シェアリングは市場から注目を集めていることがわかる。

人々がマイカーよりもカー・シェアリングやレンタカーを選ぶ理由は、やはり経済的合理性にある。二〇一三年一一月、トヨタが運営する自動車ポータルサイト「GAZOO.com」にこんな試算が掲載された。

> トヨタレンタカーでヴィッツを借りると、一二時間で七三五〇円（免責補償込み）。ここにガソリン代が加わります。仮にガソリン価格を一五〇円／㍑、燃費を一五・〇㎞／㍑とすると、一㎞あたりのガソリン代は一〇円。高速道路でロングドライブをしなければ、一日に走

る距離は一〇〇〜二〇〇km。ガソリン代は一〇〇〇〜二〇〇〇円。するとレンタカー一日あたりの費用は八〇〇〇〜九〇〇〇円。毎週使うと仮定すれば、月間コストは三二〇〇〇〜三六〇〇〇円です。最近話題のカー・シェアリングは、短時間の利用ならお得になるものの、丸一日借りるとレンタカーと同じぐらいのコストになります。

マイカーを所有した場合の月間コストを計算してみます。レンタカーをヴィッツでシミュレーションしたので、同じような大きさのクルマで考えてみましょう。クルマの維持費はケースバイケースなので、二〇代後半の人をモデルケースに、ざっくりした計算をしていきます。単純に維持費だけを考えて、駐車場代一五〇〇〇円(毎月)、自動車税二九五〇〇円(年間)、自動車任意保険一二〇〇〇〇円(車両保険つき、年間)、車検費用一五〇〇〇〇円(二年ごと)として月間維持コストを算出すると、三三七〇八円。レンタカーのときの条件に合わせると、月のガソリン代は八〇〇〇円(八〇〇km走行)になりますから、月間維持費はおよそ四一〇〇〇円となります。

最後に忘れちゃいけないのが、車両購入費用です。新車のリッターカークラスで、諸費用を含めた乗り出し価格を一五〇万円として考えてみましょう。五年乗って三〇万円で売却できるとすると、月あたりの車両コストは二〇〇〇〇円。維持費、ガソリン代、車両購入費用を合算すると、月間トータルコストは六〇〇〇〇円強になります。

つまりトヨタの運営するサイトで、同じ頻度で車を利用するなら、車を購入するよりもレンタカーを利用する方が断然安いという試算を公式に謳っているのだ。短時間のカー・シェアリングなら、なおさら安く済む。つまり、車が趣味であればかまわないが、都市生活者がレンタルやシェアではなく、車を買うことの経済的合理性はもはやない。

インターネットがコラボ消費を生んだ

元々、高価なモノを所有していることは経済的合理性に合わなくても、ステータスを示すために有効な手段、そう思われている時代があった。流行の高くてワンシーズンだけの服を着る、という行為もそのひとつだろう。消費の象徴だったマイカーも、「一国一城の主」として一人前と認められる証《あかし》だったマイホームも、消費がその人のステータスを示すという象徴的アイテムだった。

しかし世界的な景気の低迷と先進国における中産階級の没落、そしてインターネットによる膨大な情報摂取とソーシャルメディアによる個々の人格の可視化によって、見栄を張ることや、浪費的な消費に対して、人々は懐疑心を持ち始めている。高額な大型商品を自分だけで消費・所有することが経済的合理性の観点からすればあまり賢明でないことは、シェア住居とカー・シェアリングの事例で見てきた通り。いま人々の関心は高価なものをいかに得るかではなく、いかに分散して効率的に購入あるいは共有するか、ということにある。その動きを促進しているのが、ウェブの存在だ。

何かを誰かと共有したり物々交換したりする新しい消費のあり方を、「コラボ消費」と名付けて分析した二〇一〇年のベストセラー、レイチェル・ボッツマンとルー・ロジャースの共著『シェア――〈共有〉からビジネスを生み出す新戦略』(日本放送出版協会)の序文には、こう書かれている。

リナックス、ウィキペディア、フリッカー、ディグ、ユーチューブといったオンラインのP2Pコミュニティはますますユビキタス化が進んでいるので、そこに起きている〝シェア〟現象は、今ではだれもが知るところだ。コラボ消費は、オンラインのソーシャル・ネットワークが実現するテクノロジーや、その中での人々の行動に深く根付いている。人々は、こうしたデジタルのやりとりを通して、協調することはかならずしも個人を犠牲にすることではないことを身をもって体験し、楽しく自然にシェアできる人間らしい行動が促されるようになった。人々はそのうち過去を振り返り、インターネットがコラボ消費を産んだ――コメントをアップし、ファイルやコード、写真や動画、そして知識を共有することによって——と思い起こすに違いない。現在、私たちは大きな転換点に立ち、このオンラインのコラボレーションの原則とシェア行為を日常生活の他の分野に応用しはじめている。

二〇一〇年に書かれた文章であるため、シェアが浸透した今や少々古い印象を与えるほど、その事例の多くが既に市民権を得ている。現在はさらに状況は進み、クラウドファウンディングやクラウドソーシングのように不特定多数の人間がウェブを介してリソースを提供し合う動きが広まっている。

海外の見知らぬ人の家に泊まるシェアリング・サービス

『シェア』では、コラボ消費を扱うシェアリング・サービスを大きく三つのタイプに分類している。その分類に則り、主要サービスを振り返りつつ、最新の動きを確認してみよう。

一つ目が「プロダクト＝サービス・システム」だ。ある製品を所有せずに、利用した分だけお金を払うモデルのビジネスがこれに当たる。前述したカー・シェアリング系サービスが代表例。先ほど挙げたジップカーの他に、自家用車で個人タクシーを気軽に運営できる「Uber／ウーバー」もここに含まれる。

　このウーバーなるサービス、すでに日本にも上陸しているが、私は二〇一四年七月にロサンゼルスで実際に利用してみた。ロサンゼルスは茫漠たる大都市で、鉄道や地下鉄があまり普及していないため、車移動が不可欠な都市として知られる。そこでウーバーのアプリを事前にiPhoneにダウンロードして、ダウンタウンでの買い物の後、ウーバーのアプリを起動し、目的地を入力すると、自分の周囲に数台のウーバーに登録している車が回遊中なのが表示された。その中の一つを選び、タップしてオファーすると三分で車が到着。目的地を入れた段階で料金の見積もりが出ており、クレジットカード決済ならびにチップ無しのシステムなので、現金のやりとりもなく、ロサンゼルスの場合はタクシーよりも安い。そのドライバーと車中で話をすると、ロシアからの移民の若い男性だった。彼は友人たちとアプリケーション開発のベンチャーを起業する資金を作るため、普段はプログラマーとして働きながら、空いている時間でウーバーのドライバーをやっているという。ロサンゼルスの他のウーバーのドライバーの多くも、本業を別に持って副業としてやっている人が多いとのこと。

　二〇一〇年にサンフランシスコで若きベンチャー投資家のトラヴィス・カラニックが始めたこのサービス。米『ＴＩＭＥ』誌の二〇一五年六月二九日号の記事によればウーバー社の時価総額は四兆円にも上っており、いま投資家から最も熱い視線を集めている企業となっている。カラニックが自身のツイッターで明かすところでは、ニューヨークで週に四〇時間以上働くウーバーのドライバーの平均年収は九万ドルで、これはニューヨークの通常のタクシー・ドライバーの平均年収三万八〇〇〇ドルをはるかに超えるという。

ただし、既存のビジネスに対して破壊的なインパクトを持つニュー・ビジネスの宿命か、ウーバーの急成長ぶりに異議を唱える人たちも現れている。二〇一五年五月にサンフランシスコで、タクシーの運転手などがウーバーに規制をかけるべきだと大規模なデモを行った。またフランスのパリで二〇一五年六月二五日にタクシー団体による大規模なデモがあり、一部が暴徒化して車を転覆させ、タイヤに火をつける騒動になった。シェアリング・エコノミーの革新的かつ破壊的な勢いとそれに対抗する旧勢力との軋轢《あつれき》はいろいろな局面で激しくなりそうだ。

『シェア』が提示する二つ目のシェアリング・サービスが、「再配分市場」。ソーシャル・ネットワークを通して、中古の品物や使い道のない私物を、それを必要とする人や場所に配り直すモデルだ。中古品売買プラットフォームの「eBay／イーベイ」は二〇一四年の売上見通しを、二兆一八三八億円としている。日本でも古くからあるサービスとして、ヤフーオークションがこれに当てはまるだろう。ヤフーオークションは二〇一五年の売上見通し（ガイダンス）を、二兆三五九五億円としている。

三つ目のシェアリング・サービスが、「コラボ的ライフスタイル」。物質的なモノではなく、時間や空間やスキルを共有するモデルがこれに当たる。自宅の空きスペースを旅人の宿として登録できるプラットフォームサービス「Airbnb／エアビーアンドビー」がこちらの代表例だ。これも私自身、何度か利用している。最初に二〇一三年に二度のニューヨークのブルックリン滞在でそれぞれ違う部屋に宿泊し、二〇一四年のロサンゼルス滞在でも利用した。家主によって当然部屋は大きく異なるが、申し込み時に家主がどういう人か判断でき、部屋の様子、場所もよくわかり、料金も明快で事前にカード決済のため現金のやりとりなし。さらに各部屋のユーザーレビューが載っているので、既に利用したユーザーによる評価も一覧できる。ロサンゼルスの場合は、ヴェニスビーチの大きな一軒家の二階の部屋をオーナーがエアビーアンドビー用に改装したもので、トイレやバスも独立して付いており、部屋の広さや美しさは三つ星ホテルクラスだった。

二〇一五年現在、世界各地でエアビーアンドビーを利用する人の数は、一晩平均四二万五千人、年間では一億五五一三万人にも達すると、前述の『TIME』誌二〇一五年六月二九日号は伝えている。

また、エアビーアンドビーは日本国内でも精力的にプロモーションしている。TSUTAYAを擁するカルチュア・コンビニエンス・クラブとコラボレーションし、「家旅」と題した海外旅行プランの提案を二〇一四年夏から行っている。ライフスタイル提案型の店舗である代官山蔦屋書店にて、書棚やイベントスペースを組み合わせた旅行プランの提案や、クーポンやウェブサイト上のコンテンツ連携などを実施中だ。

一方、日本発のシェアリング・サービスを手掛けるスタートアップも誕生し、注目を集めている。中でも注目なのは、空きスペースをイベントスペースとして貸し出すサービス「スペースマーケット」だ。同サービスのトップページを見ると、「有名スタジオで忘年会しよう：スタジオアルタ四五〇〇〇円／時間〜」「ライブハウスでイベントしよう：Blue Note Tokyo ホール－¥二五〇〇〇〇〇／日〜」「球場で社員総会しよう：Coca-Cola Park（アメリカ：Allentown）スポーツ施設－¥二〇〇〇〇〇／日〜」

といったユニークな貸しスペースのラインナップが並ぶ。他にも白川郷の古民家や映画館、あるいは無人島といった非日常空間の「コラボ的ライフスタイル」がそこにはある。

テック系ウェブメディア「TechCrunch Japan」によると「このサービスは、いわば〝B to B向けのエアビーアンドビー〟だ。企業の持つ遊休スペースや利用時間外のスペースを、会議や株主総会、研修、イベントなど向けに貸し出すためのマーケットプレイスとなる」と紹介されている。スペースマーケットは二〇一四年一〇月に一億円を資金調達し、さらなる拡大が予想されている。

他にも、「再配分市場」モデルに当てはまるフリーマーケットアプリ「メルカリ」や「LINE MALL」が注目を集めている。特にメルカリは二〇一四年八月時点で一日一〇万品以上の出品数があり、すでに二三億円の資金調達を実施。米国展開も加速させている。

子育てをシェアするという試み

消費のあり方も変えつつあるシェアリング・エコノミーの広がりの先には、それらを利用する人々やコミュニティの変化があるだろう。核家族化という言葉が生まれて久しいが、ひとつの世帯の人数がさらに少なくなっている現在、その少人数の世帯や個人で、大きな空間や高価なモノを私有することの負担は増える一方だ。ここでシェアリングによる家族の変化を見ていこう。先進国の共通課題である少子高齢化、そしてそれと結びついた新しい子育てや家族のスタイルが生まれてくるのではと予想する。大都市においては、保育園や幼稚園の不足に歯止めが効かず、共働きの親と高齢者が増加しているのが現状だ。こうした行き詰まりに、シェアリングが活用されている事例を紹介しよう。

シェア住居の中には、友人同士で住むというスタイルだけではなく、ある目的やコンセプトに沿ってウェブ上で住人を公募したり、あるいは不動産会社が企画段階でそういったコンセプトを決める場合がある。そして今、「ファミリー」や「子育て」などを標榜したシェア住居に注目が集まっている。

二〇〇八年から活動しているシェア住居情報専門ウェブメディア「ひつじ不動産」は、二〇一四年二月にファミリー向けの情報に絞って「ひつじ不動産 for family」を開設した。ひつじインキュベーション・スクエア代表の北川大祐氏は、ウェブマガジン「greenz.jp」の取材にその背景についてこう答えている。

「うちも子どもは一人なのですが、家族三人だけで暮らすことに〝どうなんだろう?〟と疑問を持つこともたまにあって。核家族化や少子化の話になると、〝何が大変で、何が負担・原因なのか〟という、ついつい親の都合の話ばかりになってしまいますが、子どもたちにとってはそれしか知らないので、文句や意見はないんですよね。〝三人で育つとさ、やっぱめっちゃ楽しいんだよね!〟とか、子どもたちは知らないから言えない。僕たちがやろうとしてるのは、〝一世帯あたりの子どもの数が三人に増えるようなシェア住居を広めましょう!〟というようなことではないんです。今の現状に即した〝いい塩梅《あんばい》の家〟をつくることが何より大事だと思うんです。現状は、小さい世帯が別々に、小さいユニットで暮らしていることが大変なんじゃないかなと。例えば比率を一〇〇倍にして、〝一〇〇世帯対一七〇人の子ども〟という状況の方が息苦しさが減る感じがしませんか? まぁ、他の大変さがありそうなんだけれど(笑)、でも、工夫できる余地はずっと大きくなります」。

子育てをシェアする住居

「ひつじ不動産 for family」では、具体的にはどんな家が掲載されているのか。先進的な事例として、二〇一四年三月に開業した、「STYLIO WITH DAIKANYAMA／スタイリオ ウィズ 代官山」を取り上げてみよう。こちらは東急電鉄がプロデュースする、シングルペアレント向けの子育てシェアハウスだ。プレスリリースは次のように伝えている。

「本プロジェクトは、『こどものために、自分のために。そしてみんなのために』をコンセプトとし、シングル・ペアレント（ひとり親）や子育てを応援したい方をメインターゲットに、子どもがいる人もいない人も入居者同士が支え合いながら『みんなで子育て』ができる環境づくりを目指すシェアハウスです。代官山という刺激的な街での都会暮らしと、シェアハウスならではのつながり・温かみのある暮らしを両立させ、大人にも子どもにも満足いただける仕掛けを盛り込んだプロジェクトです」。

このシェア住居は設計から子育てを意識して作られており、例えば共用のリビングには、気軽に友達と落書きできるようにホワイトボード仕上げの壁面がある。また、同じく共用の屋上部分には家庭菜園がある他、机と椅子がカフェテラスのように並べられていて、住人同士のコミュニケーションが生まれるような仕掛けがほどこされている。

システム面にも、ICT技術を活用している。そのひとつが子育て支援・親支援コミュニティを展開するAsMamaとの提携による「子育てシェア」の利用だ。「子育てシェア」はAsMamaが提供する独自SNSで、登録すると同じ保育園や学校の親と自動的につながり、個人情報を公開しなくても連絡網とオンラインのコミュニティが生まれる。

特筆すべきは、気軽な互恵関係とも言うべき仕組みだ。「子育てシェア」上では、学校や保育園に迎えに行けなくなったなど、日々の子育てで困ったときにSOSを発信する仕組みがある。そしてコミュニティ内で助けてくれる人とマッチングしてくれるのだ。助けてくれた人には一時間五〇〇〜七〇〇円程度の謝礼を払うというルールが設定してあるのも、気が楽だ。

AsMama代表の甲田恵子氏は「greenz.jp」の記事（二〇一四年二月二一日）で次のように語る。

「小さい子と向き合っていればストレスがたまるのは当たり前ですよ。それをママが一人で抱えこむ。両立できなくて仕事を辞めると、世帯収入が減ってよけい贅沢できなくなって引きこもる。親が引きこもるほど子どもはいろいろな価値観や社会性を学ぶ機会が減る。人に頼るのはよくないことなんだと子どもは潜在意識に刷り込まれてしまう。そして思春期以降に孤独感を強く抱いたり、自分を価値のない人間と思ってしまったりする。すべての根元は引きこもり子育てなんですよね。だから子育ては頼った方がいいんです。オンラインでのつながりとオフラインの地域交流の場づくり、この二本立てでさまざまな課題を解決できるよう、どんどん広めていきたいと思っています」。

オーガニック多世代シェア住居

もうひとつ子育てをコンセプトにしたシェア住居を紹介。神奈川県川崎に位置する多世代型シェア住居「絆想舎《ばんそうしゃ》」はオーガニック建材にこだわり、一〇世帯で使える共同菜園付きで、自然に触れられる健康的な多世代シェア住居がコンセプトだ。

運営会社であるストーンズが子どもも参加するオーガニックランチパーティや、マクロビオティックのセミナーも企画し、その様子はSNS上で見ることができる。絆想舎では子育て世代とシニア世代が共同生活を行うことのメリットを次のように提案している。

#シニア世代：子どもや若い人と接することで、心身ともに若々しく過ごすことができる。また、万が一のときにも、シェアメイトが近くにいるという安心感が得られる。

#子育て世代：子育ての相談などをできる相手がいつも身近にいる。また、買い物などちょっとした外出や、仕事で帰りが遅くなるときなど、子どもの面倒をみてくれる人がいることで、気持ちに余裕を持つことができる。

#子ども世代：親だけではなく、多くの大人に囲まれて生活することによって、多くの経験を得ることができる。

このようなコンセプトやコンテンツが一貫したシェアハウスが増えることで、子育てが容易になるようなコミュニティを形成するシェア住居は今後さらに増えていくだろう。

NPOがつくる新たな子育てコミュニティ

「あなたがたはお客さまではありません」という説明から始める子育てコミュニティがある。認定NPO法人フローレンスが手がけているのは、子どもが体調不良のときに、仕事などでどうしてもそばにいられない親のための病児保育事業。その保育システムは、まさにシェアリング的な子育てのあり方だ。フローレンス代表の駒崎弘樹氏は「globis.jp」の記事「社会起業家という生き方」でその仕組みを説明する。

「フローレンスは、子育て経験がある方や保育の実務経験がある方などで構成される『子供レスキューネット』というネットワークを築いています。例えば会員の方の子供が熱を出したとなると、まずフローレンスに連絡していただきます。するとその地域の『子供レスキュー隊』がお子さんのもとへ駆けつけます。親御さんはお子さんをレスキュー隊にバトンタッチして、お仕事に行っていただきます。そしてお子さんは、子供レスキュー隊員が地域のかかりつけの小児科医のところに搬送するのです。搬送は、東京で最もたくさん車両を保有するチェッカーキャブというタクシー会社と提携しています。子供は受診し、『これは保育園には行けないかもしれないが、そちらで預かっても大丈夫です』とのGOサインが出たら、今度は子供レスキュー隊員の家、もしくはそのお子さんの家でお預かりする、という仕組みです」。

直接自宅に駆けつける以上、子供レスキュー隊員は近隣に勤務あるいは生活している人である。そのため、駒崎氏はこの病児保育システムが地域のコミュニティを再生させる可能性も探っている。

「このレスキューネットの構築を通して、地域の失われたコミュニティを新たに作りだすことにもチャレンジしています。地域の絆を新しい関係性のなかで取り戻していく取り組みです。例えばクリスマスなどイベントも頻繁に企画して、地域の人々同士で親睦を深めていただくということもしています。子供レスキューネットの説明会を行う際、まず親御さんに、『あなたがたはお客さまではありません』とお話しします。『皆さんはゲストでなくクルーであり、乗組員です。ともにコミュニティを運営するために船を漕いでいる乗組員同士。パートナーとして相互に貢献する関係です。一方的に皆さまがお金を出して私たちがサービスを提供する関係ではありません。互いに貢献し合うことを理想としてコミュニティを運営していきたいと考えています。その理念に賛同された方だけ入会してください』と」。

シェアリングによるコミュニティ再生

シェアリングは、必然的に他者とのコミュニケーションを生み出す。それが広がれば、コミュニティが形成される（はず）。そのときに重要視されるのが、お互いの信頼度だ。『シェア』は信頼の新しい形をこう提示する。「今では、生産者と消費者、売り手と買い手、貸し手と借り手、またご近所同士を効率よく結ぶピア・ツー・ピア取引の巨大な市場が存在する。オンラインの取引は、かつての村での対面取引で結ばれる強い絆に似ているが、その規模はもっと巨大で限りない。言いかえれば、テクノロジーが古い形の信頼を新しい形に変えているのだ」。

近代以降はコミュニティの存在感が薄まり、先進国では個人化ないし孤立化が大きく進んでいる。しかしこれからは、再びコミュニティを形成していく社会に戻っていくように感じる。さまざまなモノをシェアリングして人と関係性を築き、教育や子育てすらもコミュニティ内の人々と協力し合うことが都市部では必然となってくる。お互いが子どもを育て合うという共同体意識がより求められてきている。

しかしもし自分が信頼されていなかったら、他人の大事な子どもの子育てを手伝わせてもらえるだろうか。子育てを手伝わせてもらえないということは、その子育てのコミュニティに入れないということになる。それは、物々交換や共有のシェアリングにも参加させてもらえない可能性も出てくる。ソーシャルメディアの領域では、あるメディアで人の評判が悪くなると、それは可視化され、他のメディアにも伝播しやすい。

エアビーアンドビーやイーベイなど、主要シェアリング・サービスは、この信頼を可視化することに多大なエネルギーを注いでいる。利用者・提供者それぞれの信頼性を、さまざまな観点からユーザー間で測定できるようにして、また別の新たなユーザーがシェアリングする際の参考材料にしている。仮にシェアリング・サービス内で信頼性を確かめる情報が不十分だったとしても、グーグル検索や巨大SNSによって自分がどのような人間なのか隠しようがなくなってきているのは、前著『中身化する社会』でも述べたとおりだ。

こうして可視化された信頼によって、シェアリング・エコノミーは安定性を保っている。『シェア』も人の価値の新たな定義を語る。「過剰消費の二〇世紀には、信用履歴や広告、所有物によってその人が定義されたのに対し、コラボ消費の二一世紀には、評判や属するコミュニティ、何にアクセスできるか、どうシェアするか、また何を手放すかが、人を定義するだろう」。

しかし、シェアリング・エコノミーの根幹は、信頼ではなく、安さという経済的合理性だという意見も出てきている。

「ハーバード・ビジネス・レビュー」ウェブ版の二〇一五年一月二八日の記事「The Sharing Economy isn't About Sharing at All」(シェアリング・エコノミーはシェアでは全くない)にて、記者のガイアナ・エクハートとフリューラ・バルディは、そのサービスを使う者がお互いをよく知らないのであれば、それはシェアリングというよりも、アクセスしているだけで、アクセス・エコノミーと呼ぶべきではと唱えている。消費者は以前よりもコストに敏感になっており、そのためさまざまなモノやサービスをシェアしているのだと、エアビーアンドビーのユーザーの多くが、共有よりも値段を重視している調査結果などを挙げて説明する。

だが、一方で彼らはアクセス・エコノミーが獲得した新たな視点があるという。「所有と共有の利点と不利な点を比較対照することが重要で、所有しなければいけないという義務感から自由になることが肝心だ」。

欲しがらない若者の新たな欲望

「今の若者層で指摘されているのが、〝欲しがらない〟という現象である」という指摘から始まる本がある。かねてからコンピュータ文化に関する著作を発表し続ける角川アスキー総合研究所主席研究員の遠藤《えんどう》諭《さとし》氏の『ソーシャルネイティブの時代』（アスキー新書　二〇一一年）は、ネット世代――ここで遠藤氏が呼ぶところの〝ソーシャルネイティブ〟――の物欲レスな消費傾向を分析した一冊だ。

彼が参照する日本経済新聞地域研究所の調査によると、二〇〇〇年六月に首都圏三〇キロメートル以内に住む若者に「今は持っていないが、ぜひ欲しいと思っているもの」を聞いたところ、当時はまだ「乗用車」がトップだった。ところが、二〇〇七年六月に実施した調査では、二〇代で「乗用車が欲しい」と答えたのは二五・三%になった。これは二〇〇〇年の調査時の約半分。さらに車だけでなく、テレビやエアコン、この世代には必需品とも思えるテレビゲーム機、有名ブランド品やスポーツ用品等の保有率も軒並み低下している。このようにモノを所有することで「差をつける」ことや「ライフスタイルを体現する」ことへの関心が低下しているという。遠藤氏はため息をつく、「この欲しがらない人たちが、日本の消費の中心になってくるのだから、商品を売って食べている人たちにとっては、たまったものではないだろう」と。

その角川アスキー総研の遠藤氏とは、以前彼が手がけていた伝説的ミニコミ誌『東京おとなクラブ』時代に出会っている。余談だが今や世界的なキイワードとなった「オタク」という言葉は、この雑誌の中森明夫氏のコラム「おたくの研究」から生まれている。今回この本の取材で久々に遠藤氏とお会いして、長年日本のコンピュータ&ネット文化と並走してきた彼ならではのネット時代の物欲感を伺った。

「若い人の話を聞くと驚くことばかりです」と遠藤氏。「もうCDを知らない人も出てきているし。CDは邪魔になるから積極的にいらないという人が多いし。もう所有そのものが負担みたいな気分がひろがってきていますね」。

彼によると、若い人たちの欲望の軸が変わったのだという。「僕らの世代は、一年で三回しか行かないのにローンを組んでスキー用具を買ったりしていたわけじゃないですか。でも、今の若い人は車を持たないし、それが必要になるような欲望も落ちている。彼女がいないという話も毎年成人の日になるとニュースになりますけど、実際にアンケート調査をしてみても二〇代で彼女がいるのが二〇%台なわけです。実は女性も彼氏がいるのが二〇%台。それよりも彼らが欲しているものがコンテンツに来ちゃったというのがあります。〝俺の嫁〟という言葉が象徴していますが、これはお気に入りの二次元キャラのことなんですね。コンテンツは無料のものも多いし、物欲よりもはるかに自由にいじって楽しめるわけですよ。ニコニコ動画のように直接作品に関与できるコメントの仕組みなんかもあるし、二次創作もできる。全然おいしいわけです。そうすると思考が所有的ではなくなってくる。もちろんフィギュアを買う人もいますが、あれはレジンで固めた記号みたいなものでヴァーチャルなアイテムとたいして変わりません。だからもう恐るべき所有しない世代ですよね」。

所有欲はオタクの証明にならない

しかし、その傾向をうらやましいとも遠藤氏は考える。「僕は相当な物欲人間なんですね。でも、今になって思うと、本当にそれらを所有することは自分に必要あったのか？　下手すると実物ではなくてその写真を手に入れればいいとか、自分で持ってなくても知り合いが持っているとか。そういうふうになると、無理してモノを入手しなくても別にいい。それとの関係を持ちたいだけですから。コンテンツならそういう態度でも満足できるわけですよ」。

彼はコンピュータやネット文化だけでなく、オタク文化の黎明期から現在までも並走して見てきているわけだが、オタクの世界も変化があるという。「欲望が非常にコンテンツ的になったので、少なくとも物理的な所有が必要なくなりましたね。ハードディスクの中にはいっぱい動画が入ってるかもしれないけれど、今やそうした欲望も弱くなってきている。だって画像はいつでもネットから入手できますからね。そうなると今の時代に〝オタクとは何か？〟っていうことですよね。所有しているのがオタクの証明なのかと。今やそれもあやしくなってきている。世の中に一台しかないものを持っていたら、それは相対的に輝いて見えるけれども、世界中に一万五〇〇〇台出荷されましたとか言われたら、もうかなり価値が弱いですよ。僕はアップルの初期のApple Ⅲというコンピュータを持っているんだけど、昔はそうとう自慢だったんです。だけど今やググったらApple Ⅲ所有者の写真がいっぱい出てくるわけですから、所有していることはもう自慢じゃないですよ。だからオタクはそういったところではがんばれない。さらに知識でもオタクになれなくなってきている。ウィキペディアの方がどんなオタクよりも詳しかったりするじゃないですか。昔のオタクは、対象のことを詳しく知っているというのがものすごく重要だったわけですけど」。

遠藤氏の『ソーシャルネイティブの時代』では、ネットの無限に思える力に恐れを感じつつこう記している。「ネットは無限の記憶力を有している。〝はじめて喋ったつもりのギャグは三〇年前に誰かが言っていた〟なんてことが起こるだろう。独創性よりも、ネットワークを構成する〝ノード〟（接点）として貢献することに生き甲斐を感じるようになる。人は、ソーシャルメディアの中では、情報を入力して情報を出力する〝素子〟（電子デバイス）のような存在になっていくのではないか？」。

怖くなるような指摘だが、もはや独自の個性とか特別なこだわりというのは過去のものとなるのだろうか。

「そうそう。だからあなたとか僕とかは、そういう意味では残存勢力なわけですよ（笑）」。

物欲は代替物

人々の情報量は飛躍的に増えたが、物的消費欲は先進国において落ちているという現在。これは文明のパラドックスなのだろうか？

「昔は情報が少なかったから物理的な消費に盲目に走れたんですね。今は情報が圧倒的に増えたから、関係性の中でしかモノの価値を認識できなくなってきていて、物欲の質が変わったんですね。自分がエンゲージメント（関与）したものしか欲しくないみたいなことはありますよね。かつてはアメリカ人の金持ちの象徴が豪勢な見せびらかし的旅行だった時代があるらしい。今は心の問題というか、自分が良い・好きと認めたものに対して自分がどれだけ付き合えるかみたいなことが、金持ちの基準になってきている。だから人々の消費欲は落ちたのかもしれないけれど、消費の質的には上がったのかもしれない」。

最後に「物欲は代替物」と遠藤氏は言う。「物欲というのは元々なにかの代替物だったんじゃないですか？　俺は金持ちだと思いたいとか、俺は幸せだと思いたいとか。でも今やモノで代替するのではなく、行動やソーシャルメディアにおけるポストなどで自分の心の状態や意志を表明するようになってきている。そういう意味で、資本主義が終わるのは当たり前のような気もします。資本主義を動かしている原動力が欲望と消費ですからね」。

内閣府も認めるシェアへの潮流

シェアリングの浸透やネット世代のモノ離れといった兆候は、もはや日本の政府でもお墨付きの認識となった。内閣府経済社会総合研究所が発表した『回復力のある社会の構築に求められる科学技術イノベーションに関する調査研究　研究会報告書』（二〇一三年）はこのように今後の消費社会を占う。

「モノ中心の経済から、サービス中心の経済、知識中心の経済になってきている。大量生産・大量消費の社会から、既存ストックを活かしつつ（例：リノベーション）、できるだけモノはシェアし、そして、よいモノを少し買うといった、〝質〟重視の社会になる」。

物欲は減り、モノは個人ではなく皆で持つものに。そしてモノの所有よりも行動やサービス、知識がより重要視される時代が訪れようとしている。これは一種の先祖返りなのか、はたまた進化なのか。そして、そもそもなぜ人々は二〇世紀にモノに取り憑かれてきたのか。次章では、モノを買うために必要なもの＝お金と、モノを買うことで得られると信じられてきた幸福の未来を探ってみたい。

5.

幸福は
お金で
買えるか？

Can Money Buy Happiness?

ふたつのお金を巡る歌

一九八〇年代初頭に一番繰り返し聴いた曲は「I want money」というリフレインの曲だった。当時はパンク／ニューウェイヴが全盛の時代。中でも一九七九年にロンドンでデビューしたザ・フライング・リザーズというグループの「マネー」という曲は、当時としては斬新なプロモーションビデオも相まって、当時の私のヘビーローテーションのひとつになった。この曲は六〇年代のバレット・ストロングのヒット曲のカヴァー。後にビートルズ、ローリング・ストーンズにもカヴァーされるなど、さまざまなミュージシャンによる多様なカヴァーが存在する、いわばロックのスタンダード・ソングでもある。

ザ・フライング・リザーズのヴァージョンは、ほとんど原型をとどめないかのような革新的なアレンジで注目を浴び、その後、ハリウッド映画の『チャーリーズ・エンジェル』や『ウェディング・シンガー』『エンパイア・シンガー』『ロード・オブ・ウォー』のサントラなどでも使われ、今では本家のオリジナルやビートルズのカヴァーよりも有名なヴァージョンになっている。しかもリーダーのデヴィッド・カニンガムの自宅で友人のミュージシャンと共に録音されたため、そのレコーディング・コスト＝マネーはわずか二〇〇〇円で制作されたという有名な逸話もある。
その「マネー」の歌詞はこのように歌っている。

人生で一番大事なのは自由
しかしあなたはそれらを鳥や蜂にもあげることが出来る
私はお金が欲しいの　それが私の望むもの
あなたの愛はわたしをワクワクさせてくれる
でも愛は、私の請求書を払ってくれないの
私はお金が欲しいの　それが私の望むもの
お金ですべてを得ることは出来ないというのは真実よ
でもお金で得ることが出来ないものは、実際には使えないものなのよ
だから私はお金が欲しいの　それが私の望むもの
私はたくさんのお金が欲しいの
私にお金を頂戴　ただお金を頂戴

この身も蓋もない欲望むき出しのような歌詞の痛快さは、きれいごとだけのラブソングへの痛快なアンチテーゼとも言えるだろう。

もうひとつ、お金に関するロックの名曲がある。ビートルズの言わずと知れた「キャント・バイ・ミー・ラブ」だ。この一九六四年の世界的ヒット曲は、タイトル通り「愛はお金じゃ買えない」と繰り返し歌っている。

このようにお金に対する捉え方が対照的に異なるふたつの曲だが、現実はこの両極の間のグラデーションの中に、私たち一般人のお金に対する認識が位置していると思う。お金は万能の道具のように思えるが、お金で買えないものもある。でも、かなりのものがお金で買える世界、そんな場所に私たちは生きている。

しかし、物欲が減りつつある世界の中で、お金の価値はどう変化しているのか。またお金そのものの意味も変わりつつあるのか。そして現在も、お金を持つことが幸福への最短のパスポートなのか。お金と幸福を巡る現在の事象を丹念に見ていこう。

ウォール街のお金中毒者の改心

「僕が去年、ウォール街で手にしたボーナスは約四億四千万円だった。そして僕はそれがたった四億円超でしかないことに腹を立てたんだ」。これは「ニューヨーク・タイムズ」紙二〇一四年一月一八日号に掲載された「For Love of Money」と題する記事の冒頭の一文だ。この記事を書いたのは、サム・ポリック。彼はウォール街の若手敏腕トレーダーとして、三〇歳にして毎年数億円のボーナスを得るまでになる。ポリックは名門コロンビア大学を卒業後、バンク・オブ・アメリカに就職。入社一年目のボーナスは四〇〇万円。若い彼にとっては十分に興奮する額だったが、彼の四年先輩にあたる社員がその一週間後に、他の金融機関に年収一億円の条件で引き抜かれると彼の考えは変わる。「僕にとってそれは妬ましい出来事だった。彼の年収は僕のボーナスの二二倍だなんて!」。

それからポリックは狂ったようにウォール街の梯子を登り始める。シティバンクから二年間で一億八千万円の年俸を提示されて、すぐに転職。そしてボンド・ストリートの月六〇万円のロフトの部屋に引っ越して、美女たちとデートするようになる。会社の同僚は、一億円どころか一〇億円稼ぐ者までいた。転職して二年目に、彼の年収は一億五千万円になったが、彼は「たった一億五千万円」と思ったくらいだった。

「当時、僕は母親が一生かかって稼いだお金を一年で稼ぐようになっていた。そしてそれはどう考えてもおかしいと思うように感じ始めたんだ。この金融派生商品の異常な膨張を止めないと、世界はおかしくなってしまうと」。

その直後、二〇〇八年にリーマン・ショックが起きる。ただその狂騒の真っ只中にあってもポリックは、まだ金儲けに奔走していた。「恐慌の中のリスキーな金融派生商品を操って、僕は億の金を稼いでいた。多くの人々は大金を失っているというのにね。僕はいつのまにか、僕がもっとも嫌うタイプの人間になっていたんだ。それはお金中毒と言えるだろうね。アル中やドラッグ中毒と同じで、人格を破壊するんだ。二〇一二年にマクドナルドCEOのドン・トンプソンのやった行動が賛否を呼んだことが記憶に新しいと思う。彼は一五億円もの年収がありながら、全米のマクドナルドの従業員に『低賃金で上手く生活をやりくりする方法』という小冊子を配ったのだから！」。

ポリックは自分が働く世界は狂っていると思いながらも、お金の魅力に取り憑かれて、なかなか簡単には辞められないでいた。時々、そろそろ辞めようと思うという話を同僚にすると、彼らはポリックが頭がおかしいのではという。二〇一〇年、ついにポリックは欲望が膨張して、年収八億円を上司に提示する。すると彼の上司はこう答えた、「いいよ、もしも君が何年もいてくれるならね」。そこでポリックは目が覚め、辞めることを決意する。

ポリックはシティバンクを辞め、まったく違う方向に歩み出す。貧困家庭の食事療法を教育するNPO「グローサリーシップ」を始めたのだ。「僕はようやく社会に貢献できている実感を得ることができて、すごく幸せだ。金融街で働く者の年収の二五％でも貧困対策に充てられたら、世界はずっと良くなるはず。僕らはリアルな社会貢献ができるはずだ」。

ポリックは今もウォール街で働くかつての同僚から最近メールをもらったという。「今も年に数億円稼ぐヘッジファンドのトレーダーが、本当にヘトヘトでまったく虚しいと言っている。でも彼はその仕事を辞める勇気がないんだそうだ。ウォール街は、まさに中毒症状の世界なんだ」。

ユニクロ新卒採用代表がオーガニック食材屋を始めた理由

このサム・ポリックの事例は、ウォール街の特殊事例ではなく、今の日本でもゆっくりと広がる価値観の象徴なのではないか。そう思わせる日本に住む二十代の人たちの価値観の変化を象徴するような人物と出会った。

バイ・ビンさんは一九八七年生まれ。北京で生まれ、五歳のときに日本に移住し、横浜で育つ。ゆえに日本語が彼にとって母国語で中国語はかなり忘れているという。小中高と地元の公立学校に通い、高校時代に国際学科を選択。そのときに「こども国連」というイベントに参加するためニューヨークに日本代表で参加。大学もニューヨークのバークレー・カレッジに入学し、ファッション・マネジメントとマーケティングを学ぶ。卒業後の二〇一一年、日本のユニクロに入社。入社式のときに新卒を代表して柳井社長に挨拶を述べる役を任せられる幸運にも恵まれるが、入った会社は彼の予想とはかなり違った。

「理念と世界に本気で出ようという姿勢に惹かれて入社しましたが、軍隊式の研修をする中で、どうして理念を叫ばなければいけないかと。そのやり方はすごく古いと思って、違和感がありましたね。朝から晩までユニクロ漬けの生活で、理念には賛同できてもやっている方法に賛同できないこともあり、辛かった時期でした」。

バイさんは東京で採用され、山口の店に勤務した後、福岡の大型店に異動。その福岡でソーシャル・ビジネスの考え方と出会う。ノーベル平和賞を受賞したグラミン銀行のムハマド・ユヌスと提携した研究機関と九州大学で出会うのだ。「以前からソーシャル・ビジネスに興味を持っていたこともあって、話を聞きにいくとその考え方に見事に感化されて、ソーシャル・ビジネスをやりたいと思うようになったんです。ただ、会社の利益を生み出すために働くということ以上に自分が納得できるやりがいを感じられる働き方をしてみたいと」。

そしてバイさんは気づく、自分はユニクロの店長になりたいと思ってないことに。彼は二〇一一年一二月、わずか入社九ヶ月目でユニクロを辞める。「柳井さんが言っている理念も経営哲学も素敵だけど、僕には感情的に訴えかけられるものはあまりなくて。理念では服で世界を変えていくと掲げているけれども、具体的にどのように良くしていくのかということに関しては、あまり服から見えてこなかったんです。CSRもやっているけど、そもそも企業活動とCSRを変えることも僕はおかしいのではと思うようになったんです。慈善事業をするのも企業活動と一緒であるべきだと」。

しかし、なにしろ入社式で新卒代表の挨拶を述べる大役を引き受けるほど期待された新入社員がわずか九ヶ月で辞めたいということになれば、会社も黙っていなかったという。「会社側の引き止めはありました。けれども、頭ではわかるけど、もはや気持ちがついていかなかったので辞めました」。

ユニクロ退社後、彼は付き合っていた彼女と結婚し、ふたりで自分たちが何をやりたいのかを探る二年間の旅に出る。「ビジネスを始める人たちの多くは、世の中を良くしたいと思って始めるけれど、ではその豊かさってなんだろうというのを考えると思います。僕たちの場合は、旅の中で日常生活の中の小さな幸せを積み重ねていくことがいちばん大切だと気づいたんです」。

ふたりは〝日常を幸せに感じてもらえるビジネス〟というコンセプトを見つける。では、日常に一番根ざしているビジネスは何かと考えたときに思い当たったのが、スーパーマーケットとコンビニだったという。「でも日本のスーパーマーケットは、ずっと行きたい店がないなと。アメリカのホールフーズ・マーケットは高いけど、おもしろいしワクワクする。北欧でもマーケットのような商業施設があって、個人でハーブ屋さんとかコーヒー屋さんをやって、いろんな個人店が集まって一つの施設になっている場所があったんです。それらに影響されて、フード&カンパニーのベースのコンセプトができました」。

二年間にわたる試行錯誤と海外を旅する日々は、バイさんにとって「幸せとは何か?」を見つめ直す経験となった。中でもデンマークのスヴェンボーでの体験が印象深いという。スヴェンボーは食料自給率が高く環境配慮で知られる街だ。その街づくりの秘訣に関して関係者に話を聞きたいと彼がいろいろアプローチしたところ、最後に市長にたどり着く。そして市長の秘書が知り合いにオーガニック農家がいると紹介してくれて、そこを訪ねることになる。そのオーガニック農家は豚、鶏、羊とぶどうを育て、ハチミツも採っており、循環型の農業を営んでいた。「とにかく街の人々が親切で優しかったことが印象に残っています。そのスヴェンボーの農家のような考え方や暮らし方を僕らも伝えていけたらいいなと。また何度も訪れている中国では、田舎にいる人たちは楽しそうで、そんなに裕福なわけではないけれど、彼らは彼らで自分のペースで生活しており、とても幸せそうでした。経済発展は彼らにとってみれば、おせっかいでしかないのでは、と」。

彼は今の経済システムが人々を大量に消費するように動機付けて動いている仕組みだと語る。「リーマン・ショックにしろ環境問題にしろ、今までの資本主義のままだともたないというのは明確にわかってきたのではと思うんです。実体の経済と金融経済が離れすぎて、金融経済が大きくなりすぎていて、そこが転《こ》けると実体の経済がめちゃくちゃになってしまう。もっとリアルに近づいた経済に戻さないといけないのでは、と。もっとスローな経済で良いと思うんですよね」。

試行錯誤の上にたどり着いた結論は、オーガニックのグローサリー・ストアというもの。東横線の学芸大学駅近くに二〇一四年春にオープンしたこの店は、品揃えの良さやお店の美しさ、そして店内でさまざまな食のイベントを行う方針で、瞬く間に多くのメディアで紹介された。

「食料品は僕らの考え方を広めるのにいちばんいいメディアだと思ったからです。この店でやりたいことは、オーガニックという考え方を広めていくことです。それをマスに向けて広げないといけないので、そのために資本主義の市場原理も取り入れてやらなければならない。スローなだけではそれはできない。けれども資本主義のやり方だけでも僕らの思いは伝わらないという、うまくバランスをとりながら大きくなっていかなければならないと思います」。

今時の新店舗にしては珍しくネット販売をやらない理由は、リアルなものを大事にしたいからと言う。客が試食できる、匂いを嗅げる場所を目指し、客と店員が話をしてお互いにリアルな情報を得られる場所にしたかったそう。また彼は自分はオーガニック信者ではないという。「僕たちはできればオーガニックを食べてほしいけど、全部のオーガニックが良いわけじゃないというちょっと穿《うが》ったスタンスです。慣行栽培もオーガニックも両方のメリット・デメリットを知ったうえでオーガニックを扱っています。それでもオーガニックの根幹にある考え方や楽しさは伝えたいんです」。

オープン当初から注目されているフード&カンパニーだが、若い夫婦には決して楽な仕事ではないようだ。「お店の経営は大変ですが、ユニクロにいたときみたいな精神的ストレスは一切ないですね。肉体的に大変なことはありますけど、嫌なことをやっているという感覚ではないので。だからすごく幸せです。お客さんの反応でうれしいのは〝ずっとこういうお店を探していたけれどなかったから、すごく助かります〟という声です。心配してくれるお客様が多くて(苦笑)、好きなお店だから絶対つぶれないでね、応援しているねと言われることもあります。五十代の女性のお客さんがいるのですが、このお店に来るようになってから食生活も変わって、人生に前向きになれた、人生捨てたもんじゃないという声もいただきました。そんなつながりをつくっていきたいと思います」。

バイさんは自分たち二十代の世代は二極化していると捉えている。すべてに安全を求めて無難な道を選ぶタイプか、彼らのように自我が強くて起業したいタイプに。さらに後者は仕事に自分の存在意義を求めている世代だと。「年配の人から見れば、嫌だったらすぐに会社を辞めてしまうことは、未熟だと判断されるかもしれません。ユニクロ時代の自分を客観的に振り返ると、非常に傲慢だった部分もあります。ユニクロが大きくなってきたのはそれなりに理由がある。けれど今までのやり方だと僕たちの世代は満足できないんですよね。だから若い人は大きな会社からどんどん辞めて、起業するなり、小さい会社に就職するようになってきている。儲かるだけじゃなくて、その会社がやっていることがお金以外の価値を生み出していると感じないと働いてくれないのが僕たちの世代。企業は儲ける仕組みを回しつつ、理念もしっかりしていないといけない難しい時代だと思います」。

世界に影響を与えるには理想のある中途半端をやるしかない

大都市でオーガニックなビジネスをやるということは、常にある種の矛盾を抱える商売でもある。本気でオーガニックな生活をしたいのなら、田舎に行って自給自足をしろという声は内外で常にある。バイさんもその矛盾には極めて自覚的だ。「純粋にオーガニックな生活を実践しようと思えば、人里離れて隠居するしかないわけです。でもオーガニックの考えを広めようと思ったら、都会に住みながらオーガニックを広めるという矛盾を受け入れる必要があります。アメリカのホールフーズだって株式も上場してビジネスをやっているけれど、彼らがいなかったら今のアメリカのオーガニックの市場は今ほど大きくならなかったでしょう。一方ではアメリカのヒッピーの人たちが作ったオーガニックなコミューンもほとんど今はなくなっている現状があります。自分たちの純粋な世界に閉じこもるか、世界に影響を与えたかったら、その枠から出て行って中途半端なことをやるしかない。僕は自分たちが中途半端なのを重々承知です。オーガニックに徹する思想は美しいけど、実態はベターを突き詰めていかに一〇〇に近づけていくかだろうと。そして一〇〇には永遠に到達できないけれど一〇〇に近づけていく努力をしていくことが大事だと思います。そういうマインドを持っていることが、世の中をドライブさせるわけですから」。

慶應大学牛島利明が語る自己実現と経済的自立の両立

日本の若者はどのような働き方に生き甲斐を感じているのか。慶應義塾大学商学部の牛島利明《うしじまとしあき》教授は、「Independent 20's」をはじめとするイベントを三田のキャンパスで定期的に開き、オルタナティヴな働き方、生き方をしている人々を大学に招いて学生たちとのトークを主催している。私のアシスタントが牛島教授の授業を取っていた関係で、牛島教授に話を聞くことができた。三田のキャンパス内にある牛島研究室で迎えてくれた彼は、私と同年生まれということもあり、こちらの遠慮ない質問にも率直に答えてくれた。

彼いわく、慶應の学生は就職に関して大企業指向だという。「頼れる指針が彼らにはそこしかないというんですか。でも私の場合には、学生に選択の幅というか、今まで会ったことのないタイプの人たちに会ってもらって、将来について考える機会があったほうがいいんじゃないかと思うんです。私は必ずしも大企業に就職するなと言ってるわけではないし、大多数の学生はやっぱり大企業に行くんですけど、それでも、もうひとつ別の選択肢とか価値観があるんだよということを、知っているか知ってないかでその人の人生は変わるかなと思うんです」。

牛島教授の専門は産業史・経営史。若い頃は成長産業をテーマに研究していたが、最近は衰退産業やマーケットとして成立しないところが回るにはどうしたらいいかということに関心が移っているという。

「地方や地域が衰退していくときに、その産業や地域でどういったことが起こるのかということを見ていく中で、自分の視点が変わったんです。一番のきっかけは3・11の震災かなという気はしています。震災で感じたことは、強いだけの強さというのはやっぱり変化に適応できない。衰退するものとか弱いもの、主流でないものが何かを変えていくときにきっかけになるんじゃないかと。弱さがある瞬間強さに転換するみたいなものが歴史的にも力を持っていくし、そういうものが残らない産業とか社会は次への展開ができないんじゃないかなと」。

衰退産業の筆頭として常に語られるのが農業だが、そこにも変化の兆しが出てきている。最近アメリカでは大卒で農業をやる人が増えているという調査結果がある。アメリカのニュースサイト「NPR」二〇一五年一月三日の記事によると、三五歳以下の若い農家は全米で二〇一四年に一・五%増えており、なかでも農業が盛んなメイン州では四〇%もの急激な増加を見せている。

果たして日本はどうなのだろうか？

「農林水産省がやっている新規就農調査を見てみると、若い人が増えてるんです。しかし日本の就業者数全体から見ると、ものすごく小さいものですが」。

新規就農調査によると、三九歳以下の若い層で男女別に見ると男性が圧倒的に多い。新規就農者は大学・大学院生も三七・二％。大学農学系が一一・七％。ふたつ合わせるとほぼ五〇％になる。注目すべきは出身大学に非農学系が多いこと。「〝自ら経営の采配をふれるから〟とか〝農業はやり方次第で儲かるから〟というのが、独立自営で農業に若い人が入ってくるというところの積極的な理由のようです。いくつかのデータを重ね合わせると、農業以外の分野で大学を卒業して二十〜三十代くらいまで企業で働いて、その後、自分で責任持って農業をやりたいというタイプの人が増えてはいる。ご存知のように農業は典型的な衰退産業なんです。しかし、その中で新しいタイプの事業をやる人が出てきて、それが魅力的に宣伝されていたり、〝自分なりの新しいやり方ってあるんじゃないか〟と感じられるようになってきたのかと思ってます」。

昨今のＴＰＰを巡る議論が活発な中、農業の最もコモディティ的な商品、つまり大規模農業的な商品とは違うものを彼ら新規就農者は選んでいるということだろうか。

「ある種のカウンターでしょうね。こだわりのある都会の消費者に向けて、こだわりのある農業と農作物を提供するみたいなことを考えている人が増えている。農業をより安く大規模化するのではなく、ターゲットを絞った形でやりたいみたいな方が逆にビジネスチャンスを感じているのかなと思いますね」。

『東北食べる通信』という話題のメディアがある。タブロイド判の新聞形式の月刊誌で、食べ物が付録に付いているというもの。二〇一四年にグッドデザイン賞で金賞を受賞したこのメディアの高橋博之《たかはしひろゆき》氏、さらに新しい米作りのあり方を提案している「トラ男」の武田昌大《たけだまさひろ》氏や、契約有機農家のお米を使ったあられを製造している「つ・い・つ・い」の遠藤貴子《えんどうたかこ》氏などを牛島さんは大学に招いて話をしてもらっている。

「みんなやっていることは同じですよね。食のサプライチェーンを見なおして、生産者と消費者のお互いの顔が見えるようにという。同じようなことを考えている方が、この二、三年で、しかも結構若い人が次々出てきている。それは全体からすると小さいですけど、注目されるようになってきました」。

牛島さんが主催した「Independent 20's」は「自己実現と経済自立を両立するメソッド」をテーマにしている。これまでの日本社会は、若者の自己実現を語る前にまず経済的自立が一番大事なことであり、経済的自立をしてから自己実現を考えるのが常識と見なされていた。しかし、ここにきて自己実現ばかり考えている者は夢見がちだと見られていた風潮に変化が出てきているようだ。

「一部でそういうことを実践している二十代の人が出てきていますが、多分上の世代には、まだすごく違和感がある人が多いと思うんです。そして学生にも違和感を持っている人が実は多いと思います。つまりそれはいけないことだとか、邪道だとか、順序が違うと思っている学生が多いわけです。でも二十代で実際そういうのを目指している人が出てくると、〝あ、こういうのも実際ありなんだ〟というのがわかるので、そういう人に会ってもらうと学生の共感度はすごく上がります。大企業の終身雇用も変わると長年言われつつも、結局ある程度残ってはいるので、やっぱり学生は大企業に行きたいという思いが依然として優勢なんだと思いますね。実際、自分自身で何か作る仕事をするというところまで踏み込むのは圧倒的少数。ただ徐々に出てきているかなと思います。彼らは大企業信仰を持ちたいというより、他の可能性が見えないという感覚が私にはありますね。しかし、このままいくと大企業は最後まではもたないのかなという感覚はどこかにあるとは思うんです」。

日本の成熟なき衰退

成熟期を迎えた先進国では、働く上で経済的なインセンティヴ(動機)が下がってくるという意見がある。これから社会に出て仕事しようとしている学生たちはその潮流を感じているのだろうか。

「感じてないかもしれないです。〝これからの経済の衰退〟みたいな話をすると学生がポカーンとする感じはあるので。でも今の学生は〝成長のない社会〟にずっと生きてきた感はあります。彼らは九〇年代生まれなので、バブルも全然わからないですし、そもそも成長なしで当たり前の世界に彼らは生きているのかもしれません。ただ、それが大ピンチになるみたいな危機感はあんまりないかもしれないです。経済的な成長ではなく、自分の考えが伝わって支持されることに価値を置く方向だと嬉しいという若い人は、少しずつだけど増えている。やっぱりそういう人が面白いことをやっていたりすると思うんですね。僕が大学で教えているのも、自分がこれからの社会を切り拓けるような価値観を学生に提示し刺激を与えられて、それで学生が影響を受けてくれたりすれば、それが私にとってのやり甲斐・充実なんだと思います」。

最後に牛島さんと、成長なき社会に向かう中で、お金以外の人生を楽しむ動機・インセンティヴの重要性の話になった。これからますます教養＝リベラルアーツが重要になる社会に先進国は舵を切りつつある中において、実は日本は逆行しようとしている。文科省は二〇一五年五月、全国の国立大学に対して人文社会科学や教員養成の学部・大学院の規模縮小や統廃合などを要請する通知素案を示した。理系強化に重点を置いた政府の成長戦略に沿った学部・大学院の再編を促し、教員養成や人文社会科学などの学部・大学院について「組織の廃止や社会的要請の高い分野への転換に積極的に取り組むように努めることとする」と通知した。つまり、国が意図的にリベラルアーツ教育を削減する方向に向かっているのだ。「日本は良い方向に行ってないですね」と彼は続ける。

「日本の今後が成熟なき衰退になりはしないかと、僕は懸念しています。成長が止まっても、それが成熟していって、アメリカのポートランドみたいに、新しい価値観の文化を生み出すという芽が出てくればそれは希望になるし、人を惹きつけるんだと思います。もしそれがないとすると、ただ衰退するだけになって、文字通りのジリ貧になりますよね。それでは成熟がないので、ただ荒《すさ》んでいくだけです」。

モダン農家のライフスタイル雑誌

日本の若い世代による新たな農業の取り組みを牛島教授は語ってくれたが、この潮流はアメリカではより大きなうねりとなっている。アメリカではついに新世代の農家のためのおしゃれなライフスタイル・マガジン『Modern Farmer（モダン・ファーマー）』という雑誌も二〇一三年に創刊されている。誌面はクオリティの高く静謐な写真とシンプルで美しいレイアウトを持って、若い世代の新しい農業と、それを伴った豊かなライフスタイルを提示している。ざっくり喩えると農家版『キンフォーク』であり『クウネル』といった感だ。アメリカの優秀な雑誌に贈られるナショナル・マガジン・アワードも受賞するなど、大きく注目を集めている。発行は季刊で部数は一〇万部。編集長のアン・マリー・ガードナーは元『モノクル』の編集者。ロンドンとストックホルムに編集部を持ち、日本でも人気の国際的ライフスタイル・マガジンの取材で世界各地を旅し、その中で次にくる大トレンドは「農家」だと確信したのだという。ビジネス情報サイト「Business Insider」の記事（二〇一四年六月）で、彼女は農家に対する典型的なイメージを覆したいという。「農家と聞くと、あまり学がなくて、ポップ・カルチャーが嫌いなピックアップトラックを運転している老人たち、という固定観念があるでしょう。それは真実ではないんです。今や若い農家がたくさん誕生しているんです。私たちがこの雑誌で使う〝ファーマー（農家）〟という言葉は、単に農家だけを指すものではなくて、サステイナブルな消費者も含んでいます。農家は、この地球と最も深く結びついた職業なのです」（追記：ガードナーは二〇一五年一月に出版社オーナーと意見が対立して編集長を辞職している）。

スタンフォード卒の女性農家が持つ希望

「次の二〇年間で、農家はずっと増えるはずよ」と語るのはゾエ・アイダ・ブラッドベリー。オレゴン州ラングロアに住む現在三三歳の彼女は、夫、一人娘と共に一〇〇種類以上のオーガニックな野菜や果物を栽培する。彼女は名門スタンフォード大学で人類学を専攻。そこで持続可能な農業についても学び、農家になることを決意する。アメリカのオーガニック・ライフを伝えるウェブ「Friends Org.」の記事でブラッドベリーは農家になったことを誇らしげに語る。「確かにチャレンジだけれど、それはすごく充実したチャレンジね。最初は人々に〝私は農家になったの〟と言うと〝なぜあなたのような人が農家に？〟と怪訝《けげん》な顔をされたけれど、今は逆に〝それは素晴らしい仕事ね〟と言われるわ」。

ブラッドベリーはライターとしての仕事も並行しており、著作も数冊あり、さまざまな新聞や雑誌、ウェブで農業の楽しさや意義を伝えている。「メディアの力を信じているの。私が最適なメディアで伝えることで、大学を出た人たちが農業の世界にもっと入り、また小さな子どもたちが農業に関心を持ってもらうことを願っているし、今やそういう影響が雪だるま式に膨れ上がりつつあるのを感じているわ」。

ポートランドのフードコープの理念

アメリカの食の世界は、ブラッドベリーのような新しい作り手の増加だけでなく、流通の世界にも大きな変化が起きている。先のバイ・ビンさんが語っていた大手オーガニック・スーパーマーケット・チェーンのホールフーズ・マーケットの売上が二〇一一年に九〇億ドル（約一兆円）を超え、二〇一四年で一四二億ドルに達し今や二兆円に迫ろうとしている。つまりユニクロの世界売上を超える規模なのだ。またオーガニック・スーパーで全米二位のトレーダー・ジョーズの売上も一三〇億ドルに上る。このように、オーガニック・フードはもはや一部の自然食愛好家向けのビジネスではもはやない。今やアメリカにおけるメジャーなフード・ビジネスとなっている。

そのような環境を醸成するのに大きく役立っているのが、各地にあるフードコープ、日本で言うところの生協だ。

私もアメリカのさまざまなフードコープを見てきたが、何度か訪れたブルックリンのパークスロープ・フードコープに並ぶ強い印象を与えたものに、ポートランドのピープルズ・フードコープがある。二〇一四年八月にポートランドを訪れた際に伺ったこの店は、全米各地の巨大コープのようなスケールはないが、品揃えが素晴らしく、お店のエネルギーからゴミまで徹底的に環境配慮してあり、多くの商品が量り売りで、包装ゴミを極力減らす徹底した姿勢を持っていた。さらに地元ならびに近郊農家との強い結びつきを伝える表示、店の内外での多種多様なフード・イベント、そしてそれらを伝えるフリーペーパーとウェブなど、独自のコミュニティ活動を活発に展開している。そこには、チェーン展開するスーパーにはない利害を超えた連帯感があった。

「これは単なるビジネスではない」と思わせる姿勢があるのだ。

この店のマーケティング・マネージャーのジェンナ・チェンは私のメール・インタビューにこのように語ってくれた。

「ピープルズ・フードコープが目指しているのは、人々と深く結びついた、知識を持った、情熱的なコミュニティです。私たちは、倫理的で持続可能な食材を提供しようと努力しています。値段よりも品質と価値で食べるものを選択するコミュニティを作りたいのです。また私たちは、困難な時期に手を取り合い、共に助け合い、開かれた、そして安心出来るコミュニティを目指しています」。

チェンは、大手スーパー、特にウォルマートのような大量生産品を主に扱う激安スーパーが未だ主流を占めるアメリカの消費者の気持ちに大きな変化があると語る。

「アメリカでは食物の値段は非常に重要視されています。景気が低迷する中、食物の値段は上がっているからです。これらの要因が、生活防衛のため、食物の品質よりも価格に目を向けるように強いています。さらに人々はひとつの大きな店ですべてを買おうとする傾向があります。しかしながら、一部の人々は、よりよいものを探し始めています。私たちの客は、食物がどこから生まれるか気にしていますし、自分たちが口にするものの生産現場と近い関係でありたいと思っています。そういう客が、注意深く消費し、地元の農園をサポートしようと行動し、オーガニック食材を購入し、コープで買い物をしています」。

オーガニック運動はこの一〇年で急成長していると断言する彼女。それは食に関する知識、情報が増えていることがあるという。

「オーガニックが広がった背景には、人々は以前とは違う食生活を始めているからです。人々は、遺伝子組み換え食品を食べたくないし、また農薬が散布された食材を食べたくないと認識し始めています。彼らはもっと良い食のあり方を探し始めているのです」。

人々の食に対する関心はますます高くなっているが、反対に先進国の人々のラグジュアリー製品に対する消費が落ちているという調査結果がある。これについても伺った。

「それは何が一番重要なものか、人々が認識し始めているからだと思いますね」。

アメリカでよく語られる「消費は投票」という言葉は、まさにオーガニックな消費に適した言葉だ。投票的に消費することは、彼らの理念と合致する。

「ええ、何かを買う行為は、その会社や団体を支援すると表明することですからね」。

最後にピープルズ・フードコープにとってお金よりも大事なことは何かを聞いてみた。

「もちろん、私たちは財政的に持続的でなくてはいけません。私たちの一番のゴールは、私たちの情熱的なコミュニティに可能な限り最良の食材を提供することです。そして人類と土地と動物の間の関係をより良くすることです。これらの活動を通して利益を出せるなら、それは素晴らしいことではないですか!」。

お金の定義を再考する

お金は大事だが、お金よりも大事なことがある。この章で取り上げてきた人々は異口同音にそのように語る。では誰もが大事だと思うお金の現在の価値を測ってみよう。まず、そもそも「お金」とは何だろう?

ネットで買い物をして、suicaで電車賃を支払ったり自動販売機のドリンクを買い、TSUTAYAのTポイントで雑誌を購入し、スクエアでコーヒー代を払い、夕食代をカードで支払う時代に生きている私たちにとって、お金の意味はかなり変わってきているのではないだろうか。それとも、単に硬貨や紙幣が電子化しただけで、お金の意味は実のところ変わってなく、紙幣だろうが電子の情報だろうが、人生で最も大事なものとして崇《あが》まれ続けるのだろうか。

「マネーとは何か。マネーはどのようにして生まれたのか」という書き出しで始まる『21世紀の貨幣論』(東洋経済新報社　二〇一四年)は、今までの通説となった貨幣の定義に異論を唱える刺激的な一冊だ。著者の経済学者フェリックス・マーティンは、物々交換の不便さから貨幣が生まれたとされる従来の貨幣観を否定する。

マーティンはこの従来の説を否定するために、三名の学者の言葉を引用する。「物々交換から貨幣が生まれたという事例はもちろんのこと、純粋で単純な物々交換経済の事例さえ、どこにも記されていない。手に入れることができるすべての民族誌を見るかぎり、そうしたものはこれまでに一つもない」とケンブリッジ大学の人類学者であるキャロライン・ハンフリーは結論づける。

アメリカの経済史家であるチャールズ・キンドルバーガーは『西欧金融史』第二版でこう記す。「経済史家はことあるごとに、経済取引は自然経済や物々交換経済から貨幣経済を経て、最終的に信用経済へと進化してきたと唱え続けている。一八六四年には、経済学のドイツ歴史学派のブルーノ・ヒルデブラントがこうした見方を示した。残念ながら、それは間違っている」。

人類学者のデビッド・グレーバーは二〇一一年に次のように説明している。「そうしたことが起きたという証拠は一つもなく、そうしたことが起きなかったことを示唆する証拠は山ほどある」。

マーティンはこれらの諸説を基に、市場における物々交換から、貨幣と商品の交換という従来の貨幣の起源説を否定し、市場の成立と貨幣の成立は同時だと主張する。さらに「通貨そのものはマネーではない。信用取引をして、通貨による決済をするシステムこそが、マネーなのである」と彼は定義する。

そして、現在世界で流通している通貨は、ドルもポンドもユーロも、その価値が金《きん》に裏付けされていない。現代経済の通貨のほとんどは、銀行券という価値の裏付けのない物理的な実体すらない。つまり流通している通貨の大部分は物理的な実体を持っていない。アメリカの場合は約九〇%、イギリスの場合は九七%は物理的な実体がまったくなく、銀行に口座残高としてあるだけだと彼は説明する。

お金はモノではなく信用のシステム

ではマネーを成立させる要素とは何か。マーティンによると、それは交換の手段ではなく、三つの基本要素でできた社会的技術であるという。その三つとは、信用、価値単位の提供、譲渡性だ。彼は「お金はモノ」ではなくて、信用システムだと唱える。その信用システムのことを著名な物理学者リチャード・ファインマンのエピソードに喩えて次のように語る。

ファインマンは、物理学のテレビ講座シリーズのある回で、科学の世界では視点を変えるとまったく違った世界が見えてくる、そして先入観のせいで視点を変えることが直感に反するように見えるかもしれないと伝えようとした。実例として、プラスチックのクシを使って静電気を起こし、紙を空中に浮かせてみせた。ファインマンはこう説明した。「この妙技は見る人を魅了してやまない。その理由は、私たちには目に見える力しか見えていないからだ。たとえば、私たちが手でクシそのものに触れると、抵抗が働くので、クシをつかんで、持ち上げることができる。だから、こうした力だけが実在すると考える。これに対して、目に見えない力は手品のように見える。電磁場が引き起こす遠隔作用によって、紙がクシに引き寄せられるといった力がそうだ。しかし実際には、私たちはまったくの思い違いをしている。目に見えない力――電磁気力――こそが、自然界の基本的な力なのである」。

一見、手品のような静電気の遠隔作用も、私たちの目に見えるすべてのものが固体として結合し、よく知っている形をしているのも、目に見えない電磁気力が働いているからだ。

「マネーもまったく同じである」とマーティンは述べる。硬貨や紙幣など、実際に手に触れることができて、腐ったり壊れたりしない通貨がマネーであり、その上に債権と債務という手品のような実態のない装置が作られているのだと、私たちは考えてしまいがちだ。だが、実際はその真逆なのだと彼は主張する。「譲渡可能な信用という社会的技術こそが、基本的な力であり、マネーの原始概念なのである」。

つまり、人に渡せる信用という目に見えない力こそがマネーであると彼は定義する。なにやら神秘主義のようにも聞こえなくないが、自然科学が目に見えない力を解明するのと同じように、経済学の本質も経済の目に見えない力を解き明かすものと考えれば、この信用という見えないものをどう扱うかがマネーを科学することと言えるだろう。

貨幣という謎が浮かび上がらせるもの

違う角度からお金の不思議さに焦点を当てたものに『貨幣という謎』(NHK出版 二〇一四年)がある。著者の北海道大学経済学部教授の西部《にしべ》忠《まこと》氏は、お金の不思議な存在をこう語る。「貨幣は、相互に規定し合うような循環関係を形成しているわけです。そして、このループこそ、〝貨幣とは、貨幣として使われるから貨幣である〟という自己準拠性の源であり、貨幣という謎の正体なのです」。つまり、古今東西、お金は、それがお金として使われれば、なんでもお金になるのだ。過去の文明の通貨としての巨大な石から、硬貨、紙幣、小切手、現在のプラスチック・マネー、電子マネー、さらにはクーポン、ポイントでも、人がそれをお金とみなし、何かと交換できれば、それはお金になる。

では、さまざまな領域で、実際の硬貨や紙幣ではなく、電子のお金が飛び交う現在を、西部氏はお金の「情報化」と捉えている。「貨幣はその素材の性質や希少性に依存しない情報やデータ、あるいはそれらを処理するプログラムへと近づいており、いわば〝モノ〟の部分を徐々に捨て、〝コト〟として純粋化しつつあります。これは〝脱物化〟とも〝情報化〟とも言えます」。

世界中で、脱物的かつ情報的なお金が続々誕生している背景について、彼はこう語る。「政府が資本主義の基本原則である自由競争や自己責任を一部のビッグプレイヤーにだけ免除するという自己矛盾に陥ることにより、人々の資本主義ゲームへの信頼は低下し、ゲーム参加への同意が次第に得られにくくなりつつあるのではないでしょうか。こうした金融危機、財政危機、通貨危機への対抗策として、世界で疑似通貨、暗号通貨、電子通貨、コミュニティ通貨が群生しているのではないでしょうか」。

電子情報としてのお金の進化

脱物的なお金というとなにやら抽象的なものに感じるが、普段の私たちの生活は、実は脱物質的なお金に満ちている。日常生活の中で使われる脱物質的なお金の代表にカード決済がある。

近年、さまざまなカード決済システムが登場する中、台風の目と言える急成長のサービスを提供しているのが、アメリカのスクエアだ。今では日本のあちらこちらのお店や飲食店で、iPhoneやiPadに数センチ平方の小さな四角いカードリーダーが付けられているのを目にすることがあるはずだ。サインは画面上で行い、レシートはメールで送るペーパーレスがスクエアの特徴で、既存のカード決済システムと比べて圧倒的にスピーディー。私が最初にアメリカでスクエアを体験したのは二〇一二年だったが、その先進性は衝撃的だった。

それはブルックリンの人気コーヒーショップ、カフェ・グランピーでのこと。そこで列をなす客の中で、現金でコーヒー代を払ったのは私だけで、残りの客はすべてスクエアによるカード払いだったのだ。ついにコーヒー一杯をカードで払う時代が来たのかと驚いたのを覚えている。

そのスクエアのCEOジャック・ドーシーは、あのツイッターの創業者でもある。ＩＴの世界で巨大な成功を収めた彼が、なぜカード決済システムに目を付けたのか。「決済はビジネスの根幹だから」とドーシーは語る。ダイヤモンド・オンライン版のインタビュー（二〇一三年一〇月一五日）で、彼はスクエアの誕生の背景を説明する。

「アメリカではあまり現金を持たず、一枚のクレジットカードだけで何とかしようとすることが多い。しかし地元の小さなカフェや店舗ではクレジットカードを受け付けてくれないこともあり、近くのATMを探して現金を引き出さなければならないことが多々あった。こうした問題を解決するために、ユーザーにはシンプルなアプリをダウンロードしてもらい、店舗にはクレジットカードリーダーを無料で送ってカードに対応するサービスを実現する、〝スクエア〟が誕生したんです」。

スクエアによるスムーズな決済が、今までのクレジットカード決済と異なる点はどこか。スクエアは顧客管理システムの機能を持つため、「常連がやってきた」「彼がいつもよく頼むのはカプチーノだ」という情報を提供することができる。つまり、客の顔と名前をよく知るようになる。「スクエアを使っていると、現金決済も含めてデータを記録することができます。そして、どんな時間が最も忙しいのか、顧客にはカフェラテが最も売れているなど、自分のお店での顧客の動向を追いかけることができるようになりました。決済の手間を簡略化することをスクエアで実現した上で、自分のビジネスがどのようになっているのかを把握し、より良いサービスを顧客に還元する、というサイクルを生み出すことができるのです」。

ドーシーは、「ニューヨーク・タイムズ」紙二〇一四年一二月一〇日の取材で、「クレジットカードという物理的なアイテムを使った支払い方法は、将来的には消滅するとあなたは語っていましたが、もはや目に見えない洗練された支払い方法を構築しようとしているのでしょうか?」という記者の質問にこう答える。「それこそが、私たちの目指すところです」。

つまり、スクエアは、もはやクレジットカードさえも必要としない、電子的な認証による「目に見えない」「触れない」お金のやりとりをするシステムを志向していることがわかる。エスプレッソ一杯からガムまでもスクエアで払う時代が来れば、日常生活においてさえ、必要なのは物理的な通貨ではなく、電子的な信用だけになるだろう。

電子マネーの信用性

このように、お金が物理的なものから電子的なものに急速に移行していっているが、電子マネーの信用性は、果たして保証されているものなのだろうか。「日本経済新聞」(二〇一四年一二月三一日号)によると、電子マネーの利用が拡大している様子が窺える。前払い式の主要五電子マネーの合計決済件数は一～一一月の累計で三〇億件を超え、年間で約二四億件だった二〇一三年を上回っている。使える場所が広がっていることに加え、二〇一四年四月の消費増税を機に小銭のやりとりを面倒と感じた消費者が電子マネーの利用を増やしているためだという。

さらに決済件数を公表していないイオンの「ワオン」なども加えると、日本人一人当たり二つの電子マネーを持つ計算になる。調査会社の富士キメラ総研によると、二〇一三年の電子マネー決済の総額は四兆九一〇億円。シニア層などにも浸透を始めたことから、二〇一七年には七兆二四五〇億円に拡大する見込みという。

アップルとグーグルの電子決済

さらにＩＴの巨人、アップルとグーグルの双璧が電子決済のサービスを始めた。アップルは二〇一四年一〇月にアップルペイをまずは米国のみで開始。iPhone、iPad、Apple Watch にアップルペイのアプリがインストールされ、電子決済サービス開始が発表された。既存のクレジットカードやデビットカードなどを iPhone のアプリ内に登録しておき、対応の読み取り端末を設置する店舗では iPhone をかざすだけ、インターネット上でもクリック（タップ）するだけで支払いが完了する。加えて、このサービスはアプリを統合することも可能にしたため、ユーザーは iOS 搭載機でのさまざまな買い物にアップルペイを使用できるようになった。現在、アップルペイは米国でのみ利用可能で、二〇一五年後半に欧州、アジアなど海外展開が予定されている。

一方の巨人であるグーグルは、二〇一一年に電子決済システム、グーグルウォレット（Google Wallet）をスタート。だがその普及が低迷した理由の一つは通信会社からのサポートの欠如によるものとされてきた。

グーグルがグーグルウォレットを発表したときは、米国通信キャリアのベライゾンらはグーグルへの協力を断り、米国通信キャリアのAT&T、ベライゾン、Tモバイルの連合がISIS（アイシス）というスマートフォン決済システムを立ち上げてグーグルウォレットを阻止した。このためグーグルウォレットは暗礁に乗り上げた。ISISはイスラム過激派組織と同様の名前であったため、二〇一四年に「ソフトカード」に名称を変更する。

その後、アップル社のアップルペイが好調となり、それに対抗すべくグーグルは二〇一五年二月二三日にソフトカード買収合意を発表し、三社（AT&T、ベライゾン、Tモバイル）とグーグルウォレットの普及促進で提携。これで、携帯通信事業者三社が今後販売するすべてのアンドロイドのスマートフォンにグーグルウォレットがプリインストールされることになる。

アップルとグーグルの闘いは、この電子マネーの分野でも激しくしのぎを削るかたちだ。アメリカの調査会社フォレスターによると、モバイル決済市場は二〇一四年に五〇〇億ドル（約五兆九八〇〇億円）市場に成長し、二〇一九年までに一四二〇億ドル（約一七兆円）に到ると予想されている。

仮想通貨ビットコインの革命性

今まで紹介した電子通貨は、あくまで貨幣の代替物であり、国によってその価値が定められた法定通貨だ。suicaやデビットカードによる支払い、さらにはアップルペイの支払いもその金銭価値を怪しむ者はほとんどいないだろう。ところが、いかなる国も政府も関与しない、ネット空間で情報としてのみ行き交うお金があるとしたら、それを人々は正当なお金として認知するだろうか。

二〇〇九年に始まったビットコインという仮想通貨がある。日本人名「中本哲史／サトシ・

ナカモト」という人が始めたということになっているが、この人物はどうも実在しないらしい。やり方は簡単だが、仕組みは複雑だ。利用者はウォレットと呼ばれる財布をパソコンにつくり、ウェブにある両替所でドルや円などの通貨でビットコインを購入する。そしてビットコインを受け入れる店舗（主にネット上）で商品を購入し、ビットコインで支払うというもの。

このビットコインが最も革命的なのは、国や中央銀行などの後ろ盾が一切ないことだ。通貨の発行や取引は、すべてピア・ツー・ピアの分散型ネットワーク上で行われる。特定の責任者もないし、中央で管理するコンピュータもない。ビットコインの取引のすべては、ブロックチェーンと呼ばれる台帳に記録され、それもネットワーク上に分散的に記録される。過去のすべての取引が記録されているため、取引の整合性を誰でも検証することができる。ビットコインはクレジットカードよりも安い手数料で運営でき、さらに国境の壁を易々と越えて流通できるため、国際的な送金でも優位に利用できる。他にもさまざまな革命的な仕組みがあるのだが、ここでは紙面の都合で割愛する。まさにネットが生んだ、ネット時代のお金だ。

だが一方では、その仮想性ならではの事件も起きている。日本を舞台にしたマウントゴックス事件を覚えている人もいるだろう。二〇一四年二月に、当時の世界最大のビットコインの取引所であった東京都に拠点を置くマウントゴックスが技術的問題を理由に取引を停止し、東京地裁に民事再生法を申請した。会社の被害額は八五万ビットコイン（一一四億円相当）および現金二八億円としている。この事件で、当時高騰していたビットコインの価格は大幅に下落した。事件の捜査に警視庁サイバー犯罪対策課なるものが登場し、ネットワーク上の経済事件を警察が取り締まる時代の到来を印象づけた。『踊る大捜査線』の青島刑事のセリフを借りると、「事件はネットの現場で起きている」のだ。

このマウントゴックス事件でかねてから懸念されていたビットコインへの信頼感が大きく揺らいだため、ビットコインは激しく批判を浴びる。だが、その批判の多くは的はずれだと経済学者の野口悠紀雄《のぐちゆきお》氏は反論する。彼の著作『仮想通貨革命』(ダイヤモンド社　二〇一四年)はビットコインを論じた刺激的な一冊だが、ここで野口氏は断言する。崩壊したのは、ビットコインと通貨を交換する両替所のひとつにすぎず、ビットコインそのものではないと。

「たとえて言えば、つぎのようなことだ。アメリカ旅行から帰ってきて、ドルの使い残しがあった。成田空港の両替所で円にしようとしたら、事故で閉鎖されていた。このことをもって〝ドルは崩壊した〟と言うようなものである。重要なのは〝両替所はビットコインの維持システム(取引をブロックチェーンに記録し更新するシステム)の外にある〟ということである。両替所はビットコインシステムの利用者であり、運営者ではない。だから、マウントゴックスが破綻しても、ビットコインの運営そのものには影響が及ばない」。

現在のＩＴ技術は、通貨革命を引き起こしうるような段階まで進歩していると野口氏は語る。

「貨幣は情報なのだから、原理的にはITによって本質的な影響を受ける。そして、ビットコインのコストが低いことは間違いない。いままでITの進歩にもかかわらず、貨幣が影響を受けなかったことがむしろ不思議だったのだ。ビットコインは、登場すべくして登場したのである。だから、これによって大きな変化が生じ、銀行業の基本が揺るがされても、少しも不思議はない」。彼によると、ビットコインの最強の抵抗勢力は金融機関だという。

銀行とビットコインが握手する道

ビットコインの可能性と危険性について、経済メディアのご意見番、米「ウォール・ストリート・ジャーナル」紙二〇一四年二月一八日の記事がこう記している。

ビットコインの強みは、三つの特色とされるものに基礎を置いている。まず匿名であること、あるいは少なくとも仮想的(取引は記録されるが、当事者の正体は暗号化される)であること、二つ目はハッキングが困難なこと、三つ目には銀行のような金融仲介機関を排除していることである。

しかし最近、ビットコインのこの三つの防波堤が相次いで攻撃されている。匿名性は規制当局や法執行機関の注目するところとなった。一部取引にマネーロンダリング（資金洗浄）疑惑が浮上したためだ。また先週は三つの主要ビットコイン取引所が深刻なサイバー攻撃に直面し、ハッキングが問題視された。そして、金融機関の周辺にいるというビットコインの立ち位置には限界があることが分かった。大半の銀行がビットコイン取引の便宜を拒否しているからだ。さらに悪いことに、ビットコイン相場は現在、ピーク時のほぼ半分にまで暴落している。

マスターカード社のバンガ最高経営責任者（CEO）は先週のインタビューで、多くの懐疑論者を代弁して、「世界は通貨に不足していない。したがってこのビットコイン通貨は何のための解決になるというのか」と問い掛けた。支持者にとって、ビットコインはオープンな金融プラットフォームであって、多数の種類のデータを安全で普遍的なレッジャー（台帳、帳簿）の中に収容できるものだ。道路料金の支払いから車や家の所有権の証明に至るまで、ビットコインは独立して安全で信頼できる金融・個人情報のホスト役になり得る。

そうなれば、その役割ははるかに広範に及びそうだ。ビットコインのエバンジェリスト（福音主義者、元来の提唱者）でさえ、その実現には三つの条件がそろう必要があることを認めている。

条件の一つ目は、現在のビットコインのインフラが金融規制機関の監視する米国の取引所の創設を通じて改革されなければならないことだ。現状のインフラは、おおむね匿名で、規制対象でない海外取引所をアンカー（拠り所）とし、犯罪者による操縦に対して脆弱《ぜいじゃく》だからだ。第二に、年金基金のような機関投資家が資金をビットコインに投資し、相場の乱高下を抑制しなければならない。そして第三に、銀行はビットコインの正当性を認め、顧客がビットコインをドルとセントに交換できるようにしなければならない。

「ウォール・ストリート・ジャーナル」紙は、このように既存の金融機関とビットコインが握手する道を提示する。果たしてお金の新旧勢力は互いの正当性を認め合うことが出来るのかどうか。ビットコインが既存の銀行を否定するような性格を持つだけに、一筋縄ではいかないだろう。

お金に人の感情がダイレクトに反映される未来

今やお金はますますモノから情報へ移行し、さらに電子的な情報として飛び交うものになる中で、その電子的な可能性に焦点を当てた特集もある。『ワイアード』Vol.16（二〇一五年）は「お金の未来」と題する特集を組んだ。未来のお金に関する実験プロジェクト「Method Money」などに取り組むデザインファーム、Method のチーフ・クリエイティヴ・オフィサーのデイヴィッド・イブレイ・エヴァンズはこう語る。「取引、あるいは消費のないところにお金は必要ないですよね。お金のことを考えるときに大切なのは、お金から新たな価値をつくり出す方法などではなく、お金というものをどう感じて理解して、関係性を築いていくかということです。貨幣がビット化して、すべてがオンラインで処理されていく流れのなかで、お金を巡る人と人との関係の中に新しいテクノロジーが導入されたとき、お金の持つ価値には人の感情がこれまでよりもダイレクトに、そして一瞬で反映されるようになるはずです。そのときに〝支払い〟という行為がどうなるかというと、人の行動がそのまま置き換わるようにも思います。モノであれサービスであれ、他人から何かを受け取ったときの対価を〝ハグをしあうこと〟や〝ご飯をごちそうすること〟で支払うようになるかもしれません。これは、ちょっとヒューマニズムにすぎる考え方かもしれないけれど、近い未来、人は自分自身が持っている、もっと根源的な価値で支払うようになる、と思うんです」。

またテクノロジーを駆使したさまざまな大型インスタレーションやソフトウェアの開発などを手がけるスーパーテクノロジスト集団チームラボの代表である猪子《いのこ》寿之《としゆき》氏は、お金の未来をポジティヴに捉える。

「いままでは、ただの紙切れをお金だと思っていたけれど、その根幹にあるのは〝信頼〟なんですよね。その信頼を代替するものがあれば、お金を介さない直接交換も可能になるし、お互いの関係性が続くとわかっていれば、〝支払い〟に多少のタイムラグが発生しても許容できる。社会とのコミュニケーションにおいて、日本銀行という第三者へ託していた信頼が〝個人〟に戻ったといえるのかもしれません。これはきれいごとではなく、経済としての豊かさとは何か、もう一度見直せる可能性があると思っています」。

企業や個人がお金を発行する未来

電子マネー以外で、私たちが日常的に使っているお金のような交換手段にポイントがある。航空会社のマイレージも広義の意味でそれに当たるし、楽天のポイント、アマゾンのポイントなどが知られるが、なかでも日本での普及度の高いのがＴＳＵＴＡＹＡのＴポイントだ。会員数は二〇一五年三月の時点で五三〇四万人、普及率でいうと四一・七四％にものぼる。

『企業家倶楽部』二〇一〇年一・二月号「Ｔポイントで世界共通通貨を実現する」と題する記事で、ＴＳＵＴＡＹＡを経営するカルチュア・コンビニエンス・クラブのＣＥＯ増田宗昭《ますだむねあき》氏がこのように発言している。「日本でしか使えない円や、韓国でしか使えないウォンより、世界で使えるドルの方がお客様は喜ぶでしょう」と。続けて増田氏は壮大な夢を語る。「最終的にはＴポイントをどこでも使える世界共通通貨のようにしたい」。

お金、またはお金に代わる通貨を企業が発行し、それが通常の通貨よりも機能する時代の到来。これはいわばお金の民営化だ。では民営化の先には何があるのだろう。未来学者かつソーシャル・サイエンティストを自称するヘザー・スケルゲルは「ニューヨーク・タイムズ」紙ウェブ版のブログ「A Revolution in Money」（二〇一四年四月一日）で、「これからお金を個人で発行する時代が来る」と予言する。

クラウドファウンディングを代表するアメリカのキックスターターに支援されて始めたウェブ上でのドキュメンタリー・プロジェクト「フューチャー・オブ・マネー」（未来のお金）を始めた彼女は提唱する。「私たちはすでに企業が発行する社債や航空会社のマイレージなどを持っている。にもかかわらず、私たちは自分たちがお金を発行できるという視点を持っていない。今やそれを考えるときだ」。

なめらかな社会を実現する変動するお金

貨幣には実体がなく、信用にこそ実体があるとするお金は、この電子化、ネット化が進む社会の中で、どのような未来がありえるのだろう。既に語られているように、お金は金《きん》と紐付いているわけでもなく、私たちの銀行口座も額面通りの紙幣の束が銀行に収められているわけでもない。

今やほとんど電子的な信用情報でしかないのだとしたら、ストックではなくフローとしてのお金の新たな価値と可能性があるのではと考えられるだろう。

思想家で、人気ニュース・アプリ「スマートニュース」の創設者の一人としても知られる鈴木《すずき》健《けん》氏は、思想界で大きな話題を呼んだ著書『なめらかな社会とその敵』(勁草書房 二〇一三年)で、彼が唱えるこれから来るべき〝なめらかな社会〟を実現するために、新たな貨幣システムが必要だと提唱する。

「私たちのライフスタイルを変えるためには、単に便利な技術をつくるだけでなく、貨幣や政治、法システムのような社会のコアシステムを再発明しなくてはならない。この視点から、人々が日々の生活の中で、貨幣の価値がフローから成り立っていることを知覚できるようなフローベースの貨幣システムを考えていきたい」。

そこで、鈴木氏は新たな貨幣システムを提案する。それは、伝播投資貨幣システム＝PICSY《ピクシー》(Propagational Investment Currency System) というものだ。鈴木氏が手がけるPICSYの公式サイトではこのような説明がある。

医者は患者を薬漬けにすると儲かるという問題があります。薬をあまり与えずに、患者を元気にすることができれば、その方が良いのですが、患者を健康にすると否とに関わらず、とにかく薬を与えた方が儲かります。これは、医者には医学的な専門知識があるけど、患者にはないという情報の非対称性の問題です。患者の無知につけこんで不当に儲けているわけです。

患者が医者の処方を正しく評価するのは難しいです。あるいは、評価できるようになった時、つまり治ったときには、支払い（決済）が済んでしまっており、既に医者と患者の関係が切れてしまっています。

そこで、PICSYでは、関係が切れないようにします。その患者が元気になって、社会復帰し、バリバリ働けるようになれば、その収入に応じて医者の収入も変動する（伝播する）ようにします。

その患者の職業が、ラーメン屋だとします。患者が健康になり、ラーメンを売るようになると、その収入の一部は、ラーメン屋―患者を通じて、医者まで流れていきます。健康にならなければ、流れていきません。

そのような仕組みを導入すれば、医者は患者に対し、より早く健康になるような処方を施すことでしょう。逆に無用な薬を与えて患者を一向に健康にしないような医者は、伝播してくる部分の儲けが少ないので、PICSYの世界では、あまり儲からなくなります。

この極めて倫理的であり、ユートピア的なお金の仕組みというものは果たして実現できるのか。鈴木氏は本の中で複雑な計算式を示しつつ、コンピュータのネットワークを使えば、このフローとしてのお金PICSYは可能だと説く。正直なところ、その数学的説明は私の理解の範疇を超えているのだが、今やお金は信頼の情報であり、ネットワークを通して、信頼情報の伝播力が格段に上がった世界が到来しているのだと捉えると、PICSYの提案するものは興味深い。

彼の唱えるPICSYでは、人から人への価値の伝播が起こり、それは地球の裏側にまで影響を与えるという。あるひとつの取引の効果が国境を越えて世界中に波及し、自分が行った経済活動は世界全体になめらかな影響を与え、地球の裏側の小さな事件が自分になめらかな影響を与える。PICSYの伝播貨幣を可視化するインターフェイスの開発によって、こうした世界観を人々は持つようになるはずだと。

さらに鈴木氏はPICSYが今までにない共有の感覚を育むと述べる。財の価値が取引ネットワークにおけるフローの中から生まれ、もともと共有されているものが一時的に私の下にあるという感覚になると。さらには、自分という存在の価値も、たくさんの人々の貢献によって今ここに成り立つ共有物という感覚が育まれるだろうと予言する。「自分という存在が、世界の中で同心円上に広がっているという感覚こそ、近代社会を超える新しい世界観なのではないだろうか」。

先ほどのヘザー・スケルゲルの「フューチャー・オブ・マネー」プロジェクトも鈴木健氏の

PICSYも、大きくまとめると国や中央銀行が価値を決めるお金ではなく、個人や民間団体が価値を決める、または価値がネットワーク上で変化していくお金の可能性を探ろうというものだ。

お金はますますモノから離れ、情報になり、そして信頼の証になる。そうなると、これからの「お金持ち」は「信頼を多く得ている人」ということになる。さらにビットコインやポイントのやりとりのように、既存のお金に換金せずに、信頼と信頼をネットワーク上でやりとりすることで、豊かな交易が出来る。そうなると、国や中央銀行が発行する通貨の経済と、個人と個人、団体と団体で価値を認め合い交易する信用の経済の二本立てで私たちは生きていくようになるのではないだろうか。

その兆しは国の通貨と地域通貨の二本立てがうまくいっている地域に見出すことが出来るだろう。米ニューヨーク州のイサカ市、ドイツのバイエルン州のキームガウアーでは、ボランティア的、教育的な活動に対して地域通貨で支払い、地域通貨も一定のレートで国のお金に換金でき、地域経済の活性化に大きく寄与している。そのようにコミュニティを活性化させるためのお金と、外部と交易するためのお金の両立が今は求められているはずだ。

お金の現在的な定義を試みてきたが、「なぜお金が大事か？」という問いに対し、それは「幸せになるため」と多くの人が答えるだろう。「お金持ち＝幸せ」という図式は、資本主義社会の大きなドグマだ。現に書店の店頭では「お金を稼ぐ」をテーマにした本で溢れている。『金持ち父さん貧乏父さん』というロバート・キヨサキの世界的な大ベストセラーもある。このロバート・キヨサキの他の著作のタイトルの多くも「金持ち」という言葉が付き、さらにはニューヨークの不動産王として悪名高いドナルド・トランプとの共著『あなたに金持ちになってほしい』というものまであるのだから、「金持ち」という言葉の磁力の強さに目眩《めまい》がする。

では、ここでもうひとつの根本的な問いをしてみよう。お金の定義も大きく変化しているとしたら、今の「幸せ」とは何だろうか？　私たちが追い求めている「幸せ」とは、二一世紀の現在、一体どういう状態のことを指すのだろうか？

物欲が強いと幸せにならない

心理学者の大石繁宏《おおいししげひろ》氏は、『幸せを科学する』（新曜社　二〇〇九年）で膨大な調査データを基に「幸せ」という曖昧かつ主観的な心理状態を冷静に紐解いていく。大石氏の調べるところによると、お金と幸福感は、たくさん持っていれば幸せになれるというような、単純な正比例とは言えないようだ。

「実際にお金がどれくらい幸福感をもたらすのだろうか。年収と人生の満足度との研究は盛んに行われているが、欧米での研究では相関係数は、〇・一〇から〇・二〇という結果がほとんどである。つまり、年収の多い人は少ない人よりやや幸福感が高いという結果である」。

大石氏が引用する二〇〇四年のアメリカの一般社会調査によると、家族の年収が約二〇〇〇万円以下のグループでは一七・二％の人が「あまり幸せとは言えない」、六〇・五％の人が「まあまあ幸せ」、二二・二％の人が「非常に幸せ」と答えたのに対し、年収九〇〇〇万円以上では、五・三％の人が「あまり幸せとは言えない」、五一・八％の人が「まあまあ幸せ」、四二・九％の人が「非常に幸せ」と答えている。

また経済学者のダニエル・カーネマン教授の調査にも言及している。そこでは年収約五〇〇万円から八九九万円のグループと九〇〇万円以上のグループにおいて、幸福感にほとんど差はないという。カーネマン教授らの仮説は、いったん食、住の基本的な欲求が満たされれば、それ以上の年収は必ずしも幸せの向上には繋がらないというもの。さらにカーネマン教授は、年収が高ければ高いほど幸福感も高くならないのは、高収入のグループは、仕事などの必要事項に費やす時間が低収入のグループよりはるかに多く、ストレスが多いからだという説も打ち出している。

白石氏はさまざまな「幸せ」にまつわる調査結果を俯瞰して語る。「いずれにしても、お金と幸福感の相関関係は、一般的に過大評価されているようである」。さらに、消費欲と幸せの関係についてまとめる。「所有欲・購入欲の強い人は、全般的に満足度が低いという結果も出ており、必要以上のものを求めることで幸福感を向上させることは難しいようである」。物欲があまりに強いと、人は幸せにならない、そう彼は結論づけているのだ。

豊かで貧しい社会の到来

「誰かが〝人生の目的は？〟と尋ねたら、多くは幸せと答えるだろう。でも幸せとは何かを改めて定義したほうがいいときになっているはずだ」と語るのはイギリスの経済学者ロバート・スキデルスキー。イギリスの「オブザーバー」紙二〇一三年八月二五日号で、彼と彼の息子エドワードとの共著になる話題の著書『じゅうぶん豊かで、貧しい社会』（筑摩書房　二〇一四年）に関するインタビューで、彼は資本主義と幸せの関係について、ラディカルな見解を示している。

スキデルスキーによれば、自由市場資本主義のイデオロギーは、ある程度のお金があれば「もう十分」だとする考え方に一貫して敵対的だという。そのような考え方は覇気がなく、現状に安住し、よりよい生活をめざす自然の願望に反すると。

彼はかつてのアダム・スミスの言葉「自分の生活に完全に満足して、変化や改善を何も望まなくなるときは、おそらく一瞬たりともないだろう」が、その後の資本主義の基調を決定づけたとする。だが、この考えはヨーロッパにおいては優雅な生き方という慣習的な基準に長らく邪魔されてきたが、ついにあらゆる障害を乗り越えて勝利を収めるに至った、と。「昔の銀行家は金を貯めて土地を買った。今ではたとえ金を貯めて土地を買っても、もっと富を増やそうと、株式市場から目を離さない。今日では、働かない理由を〝優雅に暮らすには十分なものをすでに蓄えたから〟と説明するのは、もはや非常識なのかもしれない」。

今や「文化とはショッピングと同義であり、その逸脱者は精神病院送りとなる。これが幸福な世界だ」とスキデルスキーは皮肉る。彼によると、成長の飽くなき追求は基本的価値の実現にとって不必要どころか、よからぬ影響を及ぼしかねない。基本的価値は本質的にお金には換えられず、市場で売り買いすることは不可能だ。そこで市場価値の最大化を目的とする経済は、基本的価値を締め出すか、でなければ取引可能な代替物に置き換えようとするのだと。「その結果は見てのとおりだ。自分らしさや個性といったものが広告の謳い文句になり、ありきたりの商品を買うことが自己実現になる。友情はもはやアリストテレスが語ったような真剣な人間関係ではなくなり、余暇を楽しむための演出の一部に成り下がっている」。

現在の消費欲の大部分は、ステータスの誇示に由来するとスキデルスキーは指摘する。他の経済学者も指摘する「ステータス消費」というものだ。経済水準がある程度以上になると、絶対的な意味では必要ないが、他人より地位が上であることを示す財、少なくとも下ではないことを示す財に所得の大半が費やされるようになる。ステータス消費の値段は平均的な価格以上でなければならない。そうでないと他人と差を付ける役割を果たせないからだ。そのため、それらを手に入れるために所得を人より増やさねばならない、という悪循環になる。こうした競争的消費の連鎖のために労働時間はいっこうに減らず、余暇という基本的価値はいつまでたっても手が届かないものになる。「つねに他人と競争関係になるため、友情、人格、安定も脅かされる」。

スキデルスキーは「オブザーバー」紙の記事の最後に、人々が過剰に消費することを強いられている社会についてこう締めくくる。

「私たちは、二四時間、広告に爆撃されている世界に生きている。あれを買え、これを買えとね。これからの社会は、広告には制限が必要だろう」。

「消費をやめる」という生き方

これまで見てきた事例のように、消費や物欲は、自然かつ自発的なものばかりではないどころか、企業が、そして資本主義社会が人々にそれを強いているという構造が見えてくる。まだモノが少なく、市井の人々が高度経済成長の恩恵を味わっている時代はそれでも良かったのだろう。

しかし、この成長なき時代の中で、収入も上がらないにもかかわらず以前と変わらず消費することだけを煽られ続けている中で、今までのような過剰な消費をすんなりとやめることができるのだろうか？　いやできますよ、とあっさり語る人がいる。平明で飾らない語り口で人気の評論家、思想家の平川克美《ひらかわかつみ》氏は自著『消費をやめる』（ミシマ社　二〇一四年）という直球ど真ん中のタイトルの本で、消費主義が迎えた転換点をこのように語っている。

「アノニマス（匿名的）な消費者」というポジションは、半ば自分たちで選び取り、半ばは企業、株式会社がつくってきたものですが、消費行動を変えることで、消費社会にどっぷり浸かった状態から、少しは外れることができるのではないか、ということです。消費を変えるなんてことができるのかというと、わたしの実体験からいえば、けっこうできるものなのです。しかも、かなり簡単に。

平川氏は、アノニマスな消費者は、最近までの日本社会に存在していなかった集団だという。それがひとたび社会に出現すると、逆説的にアノニマスな存在であるからこそ、他の消費者との違いを求めるようになる。人間は他人との差異を求める生きものだからだ。身体性から切り離された存在としてのアノニマスな消費者においては、同じアノニマスな存在であるお金の多寡だけが差別指標になるのだという。「おカネを持っているかどうか、あるいはカネ離れがいいかどうかということが、他の消費者との違いを出すために、重視されるようになります」。

そうなると何が起きるか。消費社会に生きている消費者も、お互いを特徴づける指標として、記号的なお金やブランドに傾斜せざるをえなくなる。さらにはお金の力が絶対的に高まり、何でもお金があれば買えると錯覚させられる社会になる。お金がなければ生きていけない社会というのは、働いて稼いだお金がすぐに出ていくようになり、余ったお金も欲望を喚起されてどんどん使わせる仕組みになる。つまり、使うために稼ぎ、稼ぐために働くラット・レースを延々と続けているような社会になっていると平川氏は憂慮する。「一見アクティヴでイノベーティヴな社会であるかのようですが、実際には社会全体が買い物病に冒された、すべての質的なものをお金の量に還元してしまう、人間性の希薄な歪《いびつ》な社会だといわなければなりません」。

すべてをお金に還元することが資本主義の病の根本なら、お金に還元しない指標、資産、価値を生み出す仕組みが必要となるだろう。

「人間も社会も、お金以外の部分で成長しても、そこに目が向かない仕組みになっています。そうではない、いわば〝インビジブル・アセット（目に見えない資産）〟を発見して評価するシステムを、つくっていかなければなりません」。

「プレニテュード」という新しい豊かさ

お金以外の資産、お金以外の豊かさをどう定義するか。第二章でも紹介したアメリカの経済ジャーナリスト、ジュリエット・B・ショアの最新作にあたる『プレニテュード――新しい〈豊かさ〉の経済学』（岩波書店　二〇一一年）の中で、ショアは彼女が提唱する新しい豊かさを「プレニテュード／Plenitude」（Plenum + atitude の造語で満ちた状態の意味）と呼んでいる。

その「豊かさ=プレニテュード」と呼ぶ考えに至った背景には、消費が必ずしも人々を豊かにしていない実態を、三人の経済学者の調査を用いて証明する。

イギリスの経済学者リチャード・レイヤードは、世界中の一国の幸福度の平均値は、一人あたりの収入が現在のドル換算で二万六〇〇〇ドルに達すると、伸びが止まることを発見している。

また経済学者リチャード・イースターリンも、ほぼ同時期に生まれた人々の間で、収入の増加がまったくといっていいほど幸福度に影響を及ぼさない調査結果を出している。人々は、お金を余計に稼ぐためには、より長時間働かなければならなくなり、労働時間が長くなると幸福感が減るからだという。

心理学者ティム・カッサーとケノン・シェルドンは、収入が変わらない場合でも、ゆとりのある時間と幸福の間には肯定的な関係があることを発見している。彼らの調査では、時間が物質的なモノをしのぐことがわかっている。

ここでショアは、「豊かさ＝プレニテュード」の考えを次のように定義する。第一は、新たな時間の配分。第二はＢＡＵ市場（BAU = business as usualとは、従来通りの経済の意味で、成長優先・大企業中心・エネルギー多消費の経済運営を続けること）から抜け出し、「自給」、すなわち自分のために何かを作ったり、育てたり、行ったりすること。自分の時間を取り戻すことは、自給を可能にし、買わなければならないものが少ないほど稼ぐ必要も少なくてすむ。第三は、真の物質主義。消費に対し環境を意識したアプローチをすることだ。

また「成長」という言葉にも再定義を試みる。「私たちは〝成長〟という考えを解凍する必要がある」。彼女によると「成長」という言葉は、ふたつのまったく異なる原動力を一括にしている。ここで彼女は、そのふたつを「内包的成長」と「外延的成長」に分けて述べる。内包的成長はより大きな効率性でもって一定の資源を利用する経済成長を意味する。持続可能な仕方で生産し始めれば、自然資本の利用における効率性を生み出す技術的変化を伴う成長が出来ると彼女はいう。

しかし、経済学者が成長という言葉を使うときは、ほとんど「外延的成長」と呼ばれるものだという。それは、外延的成長が公共的、家族的、その他の生産様式に取って代わっていくにつれて市場や資本主義や経済部門の範囲を拡大するもの。国民総生産や産出高と収入に関するその他の指標は、内包的成長と外延的成長を合成している。しかし、十分な外延的成長が起きると、その資源が取り出される経済は消耗し、もし外延的成長がさらに進めば壊滅的になる。結果的に取り出される資源はより少なくなっていくので、外延的成長はあまり収益の出ないものになり、それは最終的には予期できない負の結末をもたらしうる。それが今の気候システム、海洋、森林に起きていることだという。

「私たちが、漁場の衰退や土壌汚染、砂漠化、野火、熱帯林の消失、毒物の垂れ流し、および生物種の大量絶滅などについて最終的かつ全面的にコスト計算を行えば、その価格は、この惑星を保護するコストに比べて、不気味なほど大きなものとなる。気候の議論において示されているように、再生のためのコストは、崩壊のもたらす結果から受ける被害額よりもずっと安上がりなことは明らかである」。

その内包的成長を実現するために、何をすればいいのか。ショアは消費を見直す必要を唱える。製品あたりの環境負荷が減らない限り、消費の水準は依然として高すぎるからだ。「このことは、私たちは買う量を減らし、買ったものをもっと大事に使わなければならないことを意味する。まず考えを変えて、新しいものを買う際は、量ではなく質を基準とする。これは、スロー消費へ繋がる動きである」。

時間的貧困化から抜け出す方法

また「豊かさ＝プレニテュード」は時間と密接な関係があるという。多くの社会人が、日常生活の基本的なリズムをコントロールできなくなっていると。人々は長時間働き、速く食べ、ほとんど人とつきあわず、長時間車や電車に乗り、寝不足で、いつも時間に追われている。それを彼女は「時間的貧困化」と捉える。

しかし、そこに変化の兆しがある。労働時間を短縮して環境負荷を減らす生活文化への転換が始まっていると彼女は語る。一九九六年に彼女がこの問題で調査を始めたとき、成人人口の一九％がその前の五年間で収入を減らすというライフスタイルに自発的に変えていた。その比率は二〇〇四年の調査では四八％と増加している。二〇〇四年の調査対象者の七五％は、仕事を辞める、同じ仕事でも働く時間を減らす、あるいは掛け持ちしている仕事の数を減らす、などの方法で労働時間を短縮していた。その理由として一番多かったのは四七％が「ストレスを減らしたい」。約三分の一の回答者は「バランスのとれた生活を送りたい」あるいは「もっと時間がほしい」、三〇％は「もっと意味のある、満足度の高い仕事がしたい」、そして二七％は「もっと子どもの面倒を見たい」と答えている。

一体何のために働くのか、何のために稼ぐのか。彼女は、その本質に立ち返るべきだと提唱する。「富裕国で、収入と長時間労働が幸福度の増加を促進しないとしたら、いったい何が幸福度を高めるのか。答えは驚くに当たらない。より多くの時間を家族や友人たちと共に過ごすこと、より多くの時間を、親しい人との関係のために使うこと、食事やエクササイズにもっと時間をかけることである」。

この「プレニテュード」で提示する新たな豊かさの概念は、逆に資本主義経済が本質的な豊かさを追求するものでないことを示すものでもある。それはショアも影響を公言する著名な経済学者、故ジョン・K・ガルブレイスの世界的ベストセラー『ゆたかな世界』の有名なフレーズを思い起こさせる。彼は約半世紀前の一九五八年に書かれたこの本で、次のように資本主義の行く末を予言していた。「経済は人間の欲望のなかでいちばん重要でないものに向かって動かされている」。

世界の幸福度調査から見える日本の非幸福度

幸福度を巡る言説を幾つか紹介してきたが、ここで幸福度を国別に評価した調査結果を見てみよう。国連による「World Happiness Report 2013」という調査によると、次のような結果になっている。

一位：デンマーク、二位：ノルウェー、三位：スイス、四位：オランダ、五位：スウェーデン、六位：カナダ、七位：フィンランド、八位：オーストリア、九位：アイスランド、一〇位：オーストラリアとなっている。日本は四三位、アメリカは一七位だ。

この結果を見ると、国民の幸福度は、国の経済規模と関係がないことが分かる。上位に北欧諸国が集中しているのは、福祉の充実度、治安の良さ、街の美しさなどが大きな要因としてあるのが伺える。

さらにOECDによるBetter Life Index（各国の暮らしの豊かさ・幸福度の指標）の二〇一四年の結果によると、一位：オーストラリア、二位：ノルウェー、三位：スウェーデン、四位：デンマーク、五位：カナダ、六位：スイス、七位：アメリカ、八位：フィンランド、九位：オランダ、一〇位：ニュージーランドと、ここでも日本はトップ一〇には入っていない。日本は二〇位で後ろの二一位にスペインが続く。

これらの国際調査の結果を鑑みると、日本は経済大国ではあっても、残念ながら幸福度大国ではないと言えるだろう。つまり経済は豊かでも、国民が豊かでない国＝日本という構図が見えてくる。さて、そうなるとひたすらさまざまな経済指数を上げるだけでは、日本国民は一向に幸せになれないということにも気付かされるだろう。それはまさにフランスの記号学者ジャン・ボードリヤールの名著『消費社会の神話と構造』(紀伊國屋書店　一九九五年）の予言のようだ。「成長社会は豊かな社会とは正反対の社会として定義されることになる」。

経済の尺度と幸福の尺度が違うのなら、本当はどちらを優先すべきなのか。答えは出ているはずだ。

資本主義のセントラルドグマが信じられなくなる時

人はなぜ働くのか。それはお金のため。ではお金を稼ぐのは何のためにあるのか。それは幸せになるため。人々はそう信じ込んできた。それは資本主義のセントラルドグマ（基本原理）だったのだ。でも、それはひょっとすると、人類の長い歴史の中では、二〇世紀後半の数十年間の特殊なドグマだったのではないか。元来、働くことはお金のためだけではないし、お金を稼ぐことが幸福につながることとも限らない。むしろお金を稼ぐことを人生の第一義にしていくと、さまざまなストレスや支障を生むことがある。もちろんお金は強力な交換装置であり、信用の尺度であり続けるだろうが、お金で買えないモノや信用もたくさんあることがわかってきた。いや、もともとお金で買えないものの方がたくさんあったし、これからもそうなのだ。

では、たくさん働き、たくさんお金を稼ぎ、たくさんモノを買って、より幸せになるという資本主義のセントラルドグマが信じられなくなったとしたら？　幸せになるための方法としての消費であり、その交換装置としてのお金が一番重要だと思わされてきた社会から、消費ともお金ともあまり結びつかない幸福のカタチがますます露見するようになった社会に移行しつつある中で、資本主義そのものが機能不全となりつつある様子が浮かび上がってきた。社会を動かす原動力として、資本主義はもはや人々に幸福をもたらすエンジンにならなくなっているのではないだろうか（かつてもそうであったかといえば疑問だが、今よりもその幻想は効力があったはずだ）。二一世紀には、新しいカタチの幸福を実現するための新しいエンジン、新しい動燃機関が必要なのではないか。

最終章では、物欲を満たすこと＝幸福だと信じ込ませていた資本主義の行く末を探っていきたい。

6.

資本主義の先にある幸福へ

Happiness in the Post-Capitalist Age

資本主義が最もホットなトピックとなった

二〇一五年の年明けの最もホットな題材は「資本主義」だった。フランスの経済学者トマ・ピケティの世界的なベストセラー『21世紀の資本』の邦訳版が二〇一四年暮れにみすず書房から刊行され、軒並み主要書店で売り切れ続出となったことを受け、週刊誌の見出しにトマ・ピケティの名前が頻出し、彼が本のプロモーションで来日した際にはテレビのニュース番組にまで登場した。二〇一五年二月八日の「東京新聞」では、異例の二面にわたるインタビュー記事を掲載。また『東洋経済』二〇一四年七月二六日号ではピケティの特集を組み、そこで彼は資本主義による極端な富の集中化の事例としてこの日本を挙げ、「私の主張を裏付ける端的な例は日本社会だ」との日本の読者に挑発的な発言をしている。

『ニューズウィーク日本版』二〇一五年二月二四日号は、このピケティ・ブームを検証する「ピケティ狂想曲　ブームの消費期限」という特集を組んだ。現在世界中で一五〇万部も売れているこの本への賛否両論を載せ、彼の理論の問題点も指摘しているが、その影響力の強さはこのように認める。「今はただ論争が巻き起こっているだけだ。だがそうした議論から政策は生まれる。そして面白いことに、いま私たちはみんな〝ピケティの言葉〟を話している」。

このピケティ・ブームに呼応するかのように、日本でも二〇一四年の新書の売上でベスト五位(紀伊國屋書店調べ)に入る売れ行きを示すのが、経済学者・水野《みずの》和夫《かずお》氏の『資本主義の終焉と歴史の危機』(集英社新書　二〇一四年)だ。集英社のサイトでは二八万部を超えていると謳い、「新書大賞」二〇一五年度でも二位と評されている。水野氏は、その話題の書の中で資本主義が歴史的役割を終えようとしていることを、世界史の視点を持って説明する。

世界的なピケティ・ブーム、そして水野和夫氏の本のベストセラーという現象が示しているのは、多くの人が資本主義の行方を不安視しているということだろう。はたして今、私たちが直面しているグローバル資本主義は、今後もこのままの体制で維持できるのだろうか、と。

『21世紀の資本』が示す資本主義の危機

ピケティの大著がここまで世界的に売れた理由は、そのボリュームにもかかわらず、テーマは極めてシンプルで説得力があったからだろう。「r＞g」という図式を彼はこの本で何度も繰り返し語る。ｒは資本収益率、ｇは経済成長率を示す。資本主義というのは、ピケティの説によると、経済の成長よりも収益を重視するシステムだという。そして、先進国で経済成長が低迷する中、収益性を重視するために、極端な富の集中が進んでいる実態を、彼は膨大な資料と共に提示する。

ピケティは高度経済成長という概念自体が、世界史的に見て、実は一時的な現象だったのだと指摘する。「今から私が強調したい論点は、二一世紀には低成長時代が復活するかもしれないということだ。もっと厳密には、例外的な時期か、キャッチアップが行われているとき以外には、経済成長というのは常にかなり低かったのだということを、これから見ていこう。さらに、あらゆる兆候を見ると、経済成長――少なくともその人口による部分――は将来はもっと低くなるらしい」。

ピケティの調査によると、次のような冷徹な事実が浮かび上がる。先進国において一人当たりの産出成長率が長期にわたり年率一・五％を上回った国の歴史的事例はひとつもない。過去数十年を見ると、最富裕国の成長率はさらに低い。一九九〇年から二〇一二年にかけて、一人当たりの産出は西欧では一・六％、北米では一・四％、日本では〇・七％の成長率となる。「このさき議論を進めるにあたり、この現実をぜひとも念頭においてほしい。多くの人々は、成長というのは最低でも年３－４パーセントであるべきだと思っているからだ。すでに述べた通り、歴史的にも論理的にも、これは幻想にすぎない」。

さらに彼は未来を予測する。世界の産出は現在の年間三％からだんだん減少して、二一世紀後半にはわずか一・五％になると。

この進行する低成長社会において、現在のグローバル資本主義が行っていることは、極端な格差の生産だ。市場全体が成長しない中で収益性を追求するのであれば、富める者はより富み、持たざる者はより持てなくなる、そういう格差の進行を彼は丁寧に説明する。そして彼はその格差の進行を資本主義が変容したわけではなく、むしろその本質であると定義する。「すでにひとつだけ確かな結論がある。近代的成長、あるいは市場経済の本質に、何やら富の格差を将来的に確実に減らし、調和のとれた安定をもたらすような力があると考えるのは幻想だということだ」。

ここまでのピケティの主張は、既に他の経済学者等も異口同音に述べていたことに近い。ただ、彼はその大胆な解決策も提示する。「果てしない格差スパイラルを避け、蓄積の動学に対するコントロールを再確立するための理想的な手法は、資本に対する世界的な累進課税だ」。

世界的な累進課税。この提案が、この本が世界で最も論議を呼んでいる箇所だろう。多国籍企業がグローバル資本主義のキイプレイヤーである現在、一国での資本への累進課税では、多国籍企業はタックスヘヴンを求めて資本を移動させる。彼はまずは主要先進国が協力して、多国籍企業への世界的な累進課税をすべきだと唱える。しかし、果たしてそのようなことが可能なのだろうか。当然、多国籍企業は異を唱えるだろうし、先進国、発展途上国でも抜け駆け的に自らをタックスヘヴンとして多国籍企業を誘致したいところは出てくるだろう（現にそうなっている）。ピケティ自身も、その困難さは理解しているが、世界的な累進課税という国際協力にしか道はないと結論づける。ピケティもこう述べている。「税をグローバルに課すことは、夢想的なアイデアである。世界中の国々がこのような案にすぐさま同意するなどとても想像できない」と。しかし、それでも「資本主義には道徳的な規律がない」（『週刊東洋経済』での発言より）のであれば、民主主義的な規律の中で資本主義経済を統治するしかない。

ピケティは本の中で続ける。「資本主義のコントロールを取り戻したいのであれば、すべてを民主主義に賭けるしかない」。

先進国のゼロ成長が意味するもの

ピケティが語るように、先進国の経済はそれほど成長していないのだろうか。各国の国内総生産＝ＧＤＰの成長率を見てみよう。日本のここ一〇年の成長率（実質ＧＤＰ成長率）は、〇・八二％、アメリカは〇・九六％、イギリスが〇・六四％、フランスが〇・四五％と、新興国であるタイの四・三％や中国の一〇・二％と比べると、ほぼ経済が停滞していると言えるだろう。バブル崩壊に見舞われた九〇年代の日本を「失われた一〇年」という言い方がよくされたが、日本経済は九一年の金融不況以降二〇年以上にわたってほぼゼロ成長が続く「失われた二〇年」となっている。

その間、日本の国家財政の赤字は累積する一方で、二〇一五年二月の発表では、ついに一〇〇〇兆円を超えた。現在の長期金利は〇・五四五％で、二〇一五年には利払費だけで一〇兆円の額になった（財務省のホームページ「利払費と金利の推移」参照）。この利子の額は、一九七一年度の国家予算、また海外の国家予算では世界二九位のアルゼンチンと同額、また企業では日産自動車の年間売上に匹敵する。つまり日本は借金の元本の返済ではなく、利子だけで毎年日産自動車の年間売上分を払わないといけない末期的国家財政になっている。

日本の富裕層の一部が急速かつ水面下で、シンガポールや他のタックスヘヴンに資産を移動させている様子を『週刊東洋経済』二〇一五年二月二一日号「本気で考える海外移住&資産運用」が特集していたが、日本円や日本の国債が紙くず同然になる事態がいつ来てもおかしくない状況だ。

なぜ、日本を含む先進国の経済は成長しないのか。そして、日本は毎年膨大な赤字国債を発行して景気対策を行いながらも、一向に景気が上向きにならないのか。

ここらで、私たちが生きている資本主義社会の構造自体に大きな問題があるのではと考えるのが自然ではないだろうか。

資本主義の再定義

まずはこの資本主義の定義をここで改めて確認してみよう。資本主義、英語で言うcapitalismは、資本から得る収益の最大化を目指す考えとそれを実現させるシステムと考えられる。マルクスは「生産手段が少数の資本家に集中し、一方で自分の労働力を売るしか生活手段がない多数の労働者が存在する生産様式」と定義する。現在では、市場を中心とし資本家の利益の最大化を目指すシステムというのが、最も汎用性が高い定義のように思う。

マルクスが『資本論』を書いた一八六七年と比べると、当時のような明確な資本家と労働者の対立構図は今では見えにくくなったが、決してなくなったわけではない。

現在の資本主義は、かつてのように資産を持った少数の大資本家が主導するものではなく、幅広い株主の主導によるものだとして、「株主資本主義」という呼び方もある。二〇一五年の現在、日本において、株をやっている人は二〇〇〇万人で決して多数派ではなく、しかも株を持っている人の七〇%は小口株主で、いわゆる大資本家とは程遠い。ゆえに人口的には少数の資本家が、市場を、正確には株式市場を動かし、収益の最大化を目指すシステムが現在の資本主義と言える。つまり、ここには民主主義のテーゼである「最大多数の最大幸福」という考えは微塵も含まれていない。少数資本家による市場の占拠と彼らの利益の最大化という強欲な利己主義と、最大多数の最大幸福を目指す民主主義の平等主義の、対立するふたつの考えが共存するのが私たちの生きる世界なのだ。

その対立するふたつの考えは、一九世紀から二〇世紀にかけて、経済成長に伴う中産階級の増加によって支えられてきた。また第二次大戦後、多くの先進国が社会保障を充実させる政策を取ることで、資本主義の過剰な競争で軽んじられる市井の人々の基本的人権を維持することに成功してきた。

資本主義と民主主義の両立を破壊するもの

しかし、その対立するふたつの考えの奇跡的な両立が今、崩れようとしている。そのひとつの徴候が、先進国病となった失業率の高さ、中でも若者の失業率の高さだ。もうひとつは先進国内における格差の拡大だ。

最初の失業率の問題は、特に既に成熟した先進国であるヨーロッパ諸国において危機的状況に達している。ギリシャ、スペインの失業率は二五％に達し、イギリスは七・五％、ＥＵの優等生と呼ばれるドイツで五・三％である。中でも若年層の失業率の高さが顕著で、ギリシャでは五七・三％、イタリアでは三九・五％にも達している。

ふたつ目の格差の問題は、まさに前述のピケティの本の主要テーマとなっているもの。先進国は、全体としての経済成長がないため、国内において富める者と富めない者の格差を拡大させることで、資本家が利潤を出そうとしているということだ。ピケティの調査によると、二〇一〇年のアメリカでは、国富において上位一〇%の富裕層は国民所得の七〇%を所有している。日本においても上位一〇%の富裕層の所得が全体に占める割合は四〇%に達し、彼は「日本の格差は欧州の多くの国より深刻です」と「東京新聞」のインタビューで語っている。

このような失業の増加と格差の拡大によって、民主主義を支える中心的母体である中産階級が急速にやせ細っている。アメリカの例では、中産階級(アメリカ国民全体を年収別に超富裕層、富裕層、中間層、貧困層、超貧困層の五分割した中の真ん中の層)の年収が二〇〇一年から二〇一一年にかけて六・八%減少。日本でも世帯平均年収が一九九四年から二〇一一年にかけて一二七万円減少、貧困世帯割合も五〜一〇%増えている。健全な民主主義社会を維持するには、中産階級が大きな比重を占め、富裕層と貧困層に二極化しない社会であることが重要とよく語られるが、急速に中産階級の層が減り、二極化が進んでいることが浮き彫りになっている。

資本主義の賞味期限

先進国において、なぜかくも格差が拡大するのか？　水野和夫氏は資本主義とは常に中心と周辺の格差をつける運動であると定義し、発展途上国が経済発展する中、もはや世界に周辺がなくなりつつあり、先進国はその内部に周辺、つまり差別化された、貧しい者を生み出すシステムになりつつあると語る。

つまり、経済成長を目指すことで皆が豊かになる社会ではなく、収益率を第一義とすることで、先進国内部で格差を拡大させ続けるしかない社会へ、現在の先進国は向かっているといえるだろう。そうなってくると、民主主義の基本理念である「最大多数の最大幸福」という原則が、この格差社会の進展で維持しづらくなってくる。全体的な経済成長があってこそ、資本主義と民主主義という本来、違うイデオロギーの考えの呉越同舟的共存が保てられていたわけだからだ。

もうひとつ、資本主義の限界を示すものに、利子率の低下が挙げられる。先進国のほとんどは、九〇年代以降、低金利状態が続いている。これはお金を貸しても、ほとんど元本しか戻ってこないわけで、つまり乱暴に喩えると、先進国の市場は投資の対象にならなくなりつつあるといえる。投資の対象にならないとは、言い換えれば成長が見込めないことになるわけだから、先進国は投資的な観点から見れば、とっくに成長が見込めない社会に突入している。

それは、資本主義の限界を示す大きな指標なのではないだろうか。水野氏は『資本主義の終焉と歴史の危機』で「資本主義の死期が近づいているのではないか」とその臨界点を説明する。

それは「もはや地球上のどこにもフロンティアが残されていないから」である、と。資本主義は中心と周辺から構成され、周辺、いわゆるフロンティアを広げることによって中心が利潤率を高め、資本の自己増殖を推進していくシステムであると彼は定義する。

しかしアフリカのグローバリゼーションが叫ばれている現在、もう地理的なフロンティアは残っていない。日本を筆頭にアメリカやユーロ圏でも政策金利はおおむねゼロで、一〇年国債利回りも超低金利となり、いよいよその資本の自己増殖が不可能になってきている。資本主義を資本が自己増殖するプロセスであると捉えれば、そのプロセスである資本主義が終わりに近づきつつあることがわかると彼は唱える。

ウォルマートの極端な格差

また経済のグローバル化は、ヒト・モノ・カネの国境を越えた移動を爆発的に促進したが、経済と社会の流動化ももたらした。

その恩恵を最も受けた企業のひとつにアメリカの世界最大級の流通企業、ウォルマートがある。売上が四〇兆円を超えるこの巨大スーパーマーケット・チェーンは、どこよりも安く仕入れ、どこよりも大量に売ることを信条に、発展途上国でオリジナル・ブランドの生産を行い、それらを主に先進国で販売する。しかし、アメリカを中心とした先進国の店舗でも、移民の従業員が多く、かつ働く者の賃金は生活保護の受給を前提としないと生活が成り立たないほど安い（ようやく二〇一五年にウォルマートは最低賃金を時給七・二五ドルから三八％増の一〇ドルに引き上げると発表した）。そして、地方の商店街は、巨大なウォルマートが進出すると壊滅的な打撃を受け、個人経営店は根こそぎ廃業に追い込まれる。ちなみにウォルマートの経営を行うウォルトン一家の資産は『フォーブズ』誌によると一五兆四〇〇〇億円にも上り、その従業員の低賃金体制と経営陣との巨大な資産格差がよくメディアで語られている。

どこか遠くの国の話のようにも聞こえるが、日本でもイオンなどの巨大ショッピングモールの登場によって、地元の商店街がシャッター通りになる事例が数多く報告されていて他人事ではない。

中間層が没落すると消費ブームが戻らない

このグローバリゼーションの影響を最も受けているのが、先進国の中間層だ。製造業の国際的分散化だけでなく、欧米のクライアントを持つインドの会計会社に代表されるように、ホワイトカラーの仕事もより人件費の安い国へアウトソーシングすることが進み、前述したようにアメリカ、そして日本の中産階級の年収は下がっている現状がある。水野氏は「中間層が没落すると消費ブームが戻らない」と危惧する。世界的な物欲レスの進行は、中間層の没落と密接な関係があるのだ。

先進国の経済成長に伴って、中間層も賃金が上がって豊かになる――これが長年信じられてきた中間層の経済成長信仰の拠り所だ。ところが先進国が「楽園」に近づけば近づくほど、実は労働者の賃金が下がる、という説がある。「楽園のパラドックス」というもので、国際的なシンクタンク、ローマ・クラブが報告書『雇用のジレンマと労働の未来』(一九九七年)で唱えるものだ。それによると、技術革新とその結果の大幅な労働生産性の上昇によって、少人数の労働で多くの生産があげられるようになってくると、人間社会は「すべてのものを働かずに手に入れられる〝楽園〟」に少しずつ近づいていく。しかし少人数の労働で多くの生産があげられるようになるということは、その少数の者に仕事と富が集中するということであり、自ずと多数の人が失業することになる。まさに今の先進国の富の集中を裏付ける説だ。

これを極限まで推し進めると、「すべてのものを働かずに手に入れられる〝楽園〟」では、成果のための給与が誰にも支払われないということになり、結果として全員が現金収入ゼロの、慢性的失業率一〇〇%という状態に陥ることになる、という。

経済成長が極端にまで進んだ「楽園」的な国は、少数の者だけが働き、多くが失業する社会になる。まさにヨーロッパで、そして今の日本で起きていることもこれに近い。

また資本主義の中心が金融市場に移行していることも、この格差を拡大させている。全米証券業者・金融市場団体の調査によると二〇〇六年の世界の金融サービス市場の規模は一九〇兆ドル（二・二京円）の巨額に達している。これは世界のGDP四四・三兆ドル（二〇〇五年推定――外務省経済局）の四倍強にあたる。つまり実体経済から大きく乖離して成長していることがわかるだろう。これは言い換えれば、実体経済の中では、もはや資本主義は機能不全になっているのが実情だ。

経済の時代の終焉

「なぜ私たちは経済の論理に屈服しようとしているのか？」という強い口調で始まる『経済の時代の終焉』（岩波書店　二〇一五年）において、経済学者の井手英策《いでえいさく》氏は、臨界点を見せている資本主義の状況について、社会の中心が市場経済であることが問題と説く。経済はあくまで社会の要素の一部分に過ぎないはずだが、それがあまりにも社会全体を支配しすぎているのではないかと。

井手氏は、資本主義の過剰性を問題視する。「必要(need)」の生産が「欲望(want)」の生産へ、という必要以上のものを生産せざるをえないシステムを問い直すことを指摘する。市場経済に多くを委ねることが、富の全体的な増大につながることはあるが、そのことが格差をもたらし、あるいは国際的な金融不安と経済の不安定化を作り出すとする。「富の増大は社会の不安定化と直結する」。

彼は今後の社会について、ふたつの明暗分かれた可能性を予言する。「ひとつは互酬と再分配の新しい同盟関係を作り出し、財政システムを再構築することで、経済をふたたび制御すること。もうひとつはこれを諦め、暴走する市場経済に屈服し、ひたすら自由化を追求すること、である。経済の時代を終焉させ、ファシズムとも、社会主義とも、そしてケインズとも異なる人間の顔をした経済を取り戻すことができるか。あるいは、人間らしい生の断念か。いま、私たちが立たされているのは、このような歴史の岐路である」。

脱成長という思想

ここで物欲の話に戻そう。グローバリゼーションと格差を拡大する資本主義の進行の中で、物欲ならびに消費を経済学的視点で捉え直し、消費の少ない社会をかねてから提言する学者がいる。「世界化した大量消費社会は袋小路に達した」とフランスのセルジュ・ラトゥーシュは「脱成長」という考えを唱える。ラトゥーシュの唱える「脱成長」は、資本主義経済の行き詰まりと、世界的に進行する環境破壊に対抗するため、消費の少ない社会を実現しようとするもの。彼の著作『〈脱成長〉は、世界を変えられるか?』(作品社　二〇一三年)において、脱成長を実践するために、彼は次の一〇本の政策提案を示している。

1：持続可能なエコロジカル・フットプリントを回復させる。
2：適切な環境税による環境コストの内部化を通して、交通量を削減する。
3：(経済・政治・社会的)諸活動の再ローカリゼーションを行う。
4：農民主体の農業を再生する。
5：生産性の増加分を労働時間削減と雇用創出へ割り当てる。
6：対人関係サービスに基づく「生産」を促進する。
7：エネルギー消費を(現行水準の)四分の一まで削減する。
8：宣伝広告を行う空間を大幅に制限する。
9：科学技術研究の方向性を転換する。
10：貨幣を再領有化する(地域社会や地域住民の手に奪還する)。

個別に論じていると紙面が尽きてしまうので割愛するが、七番目のエネルギー消費を四分の一まで削減するというラディカルな提言以外は、既に議論されていることと重複することが多いかと思う。

このラトゥーシュの来日が二〇一三年にあり、同年五月二五日の麗沢大学東京研究センターの講演に伺った。そこでラトゥーシュは「資本主義経済は、〝最大多数の最大幸福〟を実現できなかった」と語り、つつましくも豊かな社会をつくる必要を説いた。ただ理念としては共感できるが、実践段階となると現実味が乏しいのではというのが正直な感想。質疑応答では「脱成長の理念はわかるが、その方法について具体性が乏しいのでは？」という私の疑念と呼応するような他の聴衆の質問に、彼は「脱成長の処方箋はよく問われる。私はそのマトリックスを提示するだけで、後はそれぞれの地域で考えてもらうしかない。アメリカのテキサス州とメキシコのチアパス州で同じやり方が通じないように」と答える。ただ彼が「朝日新聞」二〇一〇年七月一三日の記事で語った中心概念は共感の持てるものだ。「私が成長に反対するのは、いくら経済が成長しても人々を幸せにしないからだ。成長のための成長が目的化され、無駄な消費が強いられている。資本主義はもっと節約すべきだし、人々はもっと豊かに生きられる。我々の目指すのは、つつましい、しかし幸福な社会だ」。

定常型社会の可能性

過剰な消費は世界を危険な状態に導くというラトゥーシュの脱成長の考え方に共振するものに、「定常型社会」という概念がある。千葉大学法経学部の教授である広井良典《ひろいよしのり》氏の唱えるこの考えは、マテリアルな消費が一定となる社会であり、量的拡大を基本的な価値としない社会。経済成長を是とする考えから、経済は量的に成長しないが質的な豊かさを求めていこうとするもの。広井氏は『定常型社会——新しい「豊かさ」の構想』（岩波新書　二〇〇一年）でその概念をこう説明する。

「〝（経済）成長〟ないし〝物質的な富の拡大〟という目標がもはや目標として機能しなくなった今という時代において、それに代わる新たな目標や価値を日本社会がなお見出しえないでいる、というところに閉塞感の基本的な理由があるように思われる」。

さらに広井氏は、定常型社会とは成長にかわる価値ないし目標を提示するものとし、現在の日本が景気対策のみをしているところに病理や社会不安の根本原因があるという。また日本の高齢化問題についても、高齢化という定常化の進行と捉える。そこで、定常型社会＝持続可能な福祉社会と捉え、社会の持続可能性の追求を提案する。

定常型社会と聞くと、今まで人類が経験していない変化なき時代の到来のように聞こえるだろう。だが広井氏によると人類は過去に二度の定常期を経験しており、これから迎えるのは三度目の定常期だという。一度目は人類が装飾品や芸術品を作り始め文化が開花する五万年前から農耕社会が始まった一万年前にかけて、この定常状態は四万年ほど続く。二度目は世界宗教が誕生する紀元前五〇〇年頃から資本主義が誕生する一六〇〇年頃にかけてで、これは二〇〇〇年続いたという。特に二度目の定常期では経済規模は成長しないが、さまざまな文化や技術は育まれ、私たちが現在も享受するさまざまな文化、芸術、建築を生み出している。

これから来るであろう三度目の定常期は、経済の量的成長はほとんどないが、より少ない資源でより質の高いモノやサービスを生み出すための技術革新が求められ、技術やサービスの向上を巡る競争は高まると広井氏は予想する。

定常型社会における大きな価値観の変化について、広井氏はモノよりも時間の消費が価値を持つという。時間の消費を行っているときが、その人にとって大きな充足感であり、情報の消費を通しての、消費の脱物質化が進むと予測する。

さらに、定常型社会の到来により、これまでの資本主義社会を支えてきたインセンティヴ（動機）である私利の追求が問われると説く。「私利の追求をインセンティヴとする経済システムが機能しなくなる」。

またこれからの時代は、「営利」と「非営利」という、従来考えられてきたような単純な二分法が成り立ち難くなっていき、さらに「貨幣経済」と「非貨幣経済」という二分法をも連続的なものにしていくと予想する。

アメリカからの定常経済への提言

アメリカでも定常型社会の到来を予見する知識人が登場している。経済学者のハーマン・デイリーは『エコロジー経済学』(NTT出版　二〇一四年)、『定常経済は可能だ!』(岩波書店　二〇一四年)といった著作で、豊富な調査データに裏打ちされた定常型社会の到来を予見する。

デイリーの論旨は明快だ。「経済は成長しても、地球は成長しない」と彼は断言する。人類の人口も二〇世紀に爆発的に増え、モノも溢れ、「空いている世界から、いっぱいの世界へ移行」した。それによって、経済成長のマイナス面が見えてくるようになった。無理に成長を進めることで、社会的、環境的な問題が派生する状態が生まれ、デイリーはこれを「不経済成長」という。つまり、生産の便益だけを測り、環境的、社会的なコストを測ってないのだと。さらに経済成長することのプラスとマイナスを比較すべきだと。

デイリーは新しい指標を唱える。それは、GPI (Genuine Progress Indicator) =真の進歩指標というものだ。GDPが増えても、持続可能経済福祉指標と真の経済指標は増えないという。

では、どのようにしたら定常経済へソフトランディング出来るのだろうか？　デイリーは、ふたつの考えを提示する。キャップ・アンド・トレードと最低所得と最高所得の幅を制限するというものだ。

キャップ・アンド・トレードとは、聞きなれない言葉だと思うので説明が必要だろう。まず、資源の消費や廃棄に関して「キャップ」、つまり上限を決める。具体的には、資源を地球から取り出すところか、廃棄物を地球に戻すところか、どちらかより制約のあるところで「割当量」を決め、生物物理的な規模を限定する。

次に、その割当量をオークションによって公正に再配分する。再配分後の割当量を売買取引することで、最も高い料金を払う使途に効率的に割り当てることができる。これが「キャップ・アンド・トレード」または「キャップ・オークション・トレード」と呼ばれる仕組みだ。

デイリーの案では、割当量の最初の所有権は国に持たせる。政府が割当量をオークションし、個人や企業がお金を払って手に入れる。収入は国庫へ入り、その分、雇用者の払う給与支払いへの課税や貧困層への所得税などを減らすことで、逆進性を緩和する。いったん割当量をオークションで購入すれば、あとは第三者が自由に売買できるというもの。

つまり、キャップは「持続可能な規模」という目標を、オークションは「公正な配分」を、トレード（売買取引）は「効率的な割り当て」を、と三つの目標を三つの政策手段で満たすというわけだ。

このやり方を、漁場や森林といった再生可能な資源から採取を制限するためにも使うことができる。その場合、割当量は、政策や自主規制によって、持続可能な生産量の範囲内に設定する必要がある。持続不可能な資源の場合は、その資源を使うことから出る汚染の持続不可能な吸収ペースや、持続可能な代替資源の開発ペースに鑑みて、その割当量を定めることになるという。

次の最低所得と最高所得の幅を制限とは、経済が総量として成長しない中での解決策は再分配だとして、所得格差に幅を設けようというもの。「完全な平等は公平ではないでしょうけど、無制限な不平等も不公平です。どこまでの不平等が許されるか、公正な範囲を探すことになります」。

アメリカの例でいうと、行政や軍、大学での所得格差は一五対一から二〇対一の範囲で収まっているが、企業では五〇〇対一以上の格差がある。多くの先進国の企業では、格差は二五対一以下で、日本企業は一五対一ぐらいとなる。

米国でこの差を一〇〇対一に制限してみたらどうかというのがデイリーの提案だ。そして最低の年収保証を二万ドル、最高が二〇〇万ドルと設定する。「これだけの差があれば、仕事のインセンティブは十分ではないでしょうか。年収の上限に達したら、仕事が楽しいならそれ以上は無償で働いてもよいですし、余った時間を趣味やボランティアに充ててもよいでしょう」。

デイリーも広井氏と同様、定常経済は社会が停滞した状態ではなく、量よりも質を求めての技術革新が進む状態だと唱える。定常経済では技術の進歩のインセンティヴが大きくなる。より多くの自然資本を使うものから、より少ない自然資本で質の高いものへの転換が起こると考える。

だがデイリーは私たちに残されている猶予はそれほどないと強調する。彼は経済成長の限界費用がすでに限界便益を上回っているとしたら、グローバル化が地球全体の福祉にとって持つ意味は何か？　と問う。そして今も変わらず、より働き、より消費することが奨励されている現在の経済システムに警鐘を鳴らす。「もし我々全員が地位を上げるために二倍働けば、誰も地位が変わらなかったとしても、全員が他の目的を追求する時間を減らし、より多くの自然資本を消費することになるだろう。富の蓄積による地位向上は、全員が一生懸命に働いた結果、よりひどい状況に陥る、一種の軍備拡大競争になってしまう」。

定常経済の元祖ミルの予言

この定常型社会ないしは定常経済は、実は二一世紀に突然生まれた考えではない。古典派経済学の始祖、ジョン・スチュアート・ミルは約一六〇年前にこの概念を唱えている。ミルによると経済発展の末に社会はその自然的制約のため、定常状態を迎えることを予見している。ミルは、富の増加は無制限ではなく、経済がある閾値《いきち》まで達すると停止状態を避けるのは不可能と考え、一八四八年に刊行された『経済学原理』の中で次のように述べている。「そもそも富の増加というものが無際限のものではないということ、そして経済学者たちが進歩的状態と名づけているところのものの終点には停止状態が存在し、富の一切の増大はただ単にこれの到来の延期に過ぎず、前進の途上における一歩一歩はこれへの接近であるということ……このような定常状態を終局的に避けるということが不可能である」。

経済の成熟とは何か？

今世界で起きていることとは、資本主義経済の行き詰まりというネガティヴな表現とは反対に、これは資本主義経済のひとつの到達点、達成点に近づいているのだというポジティヴな表現もある。つまり資本主義経済の成熟であると。

では経済の成熟とは何か。水野和夫氏は「見えないものが見えることが人間の成熟であり、見えない価値を評価するようになることが、経済の成熟だ」という。水野氏によると「目に見えない資本」「目に見えない価値」を大事にする経済になると。それらに資本という言葉を使うなら、知識資本、関係資本、信頼資本、評判資本、文化資本と呼ぶことも出来ると彼は定義する。

経済が豊かな成熟を迎えるために、私たちは何をやればいいのか。

井手氏は「互酬と再分配のあたらしい同盟関係を構築するか、市場経済に屈服するか。私たちが立たされているのは歴史の岐路」というふたつの可能性を示唆した。ここでは経済に屈服することのない可能性を探りたい。互酬と再分配の可能性についてだ。しかし私も含めて、そう言われても漠然としたものしか思い浮かべない人が多いだろう。

まずは再分配の新たな可能性について考えてみよう。ピケティの『21世紀の資本』後半に提示する新たな資本課税という考えも、再分配モデルのひとつだろう。またデイリーが提示する「キャップ・アンド・トレード」、そして最高所得と最低所得の幅を狭める法律／条例というのもそれに当たるだろう。過剰なまでの富の独占をいかに防ぐか、全体が豊かさを感じられる社会をいかにつくるかは、分配の問題にどのようにメスを入れるかということに求められている。

互酬の新たな可能性も、大きなテーマだろう。お互いに何かを与え合う社会、それもお金だけでないものを与え合う社会の到来は、ある意味で先祖返り的な社会モデルでもある。既に述べてきたように、お金の価値が低下しつつある現在において、お金では買えない信用、評価、サービスというものをいかに与え合うかが肝心になる。

水野氏は「マネタリー経済」(貨幣経済)と「ボランタリー経済」(自発経済)の融合したモデルが来るだろうと『新・資本主義宣言』(毎日新聞社　二〇一三年)の中で予測する。「これまで対立的なものであると考えられてきた『営利企業』と『非営利組織』というものが、これから融合していきます。それは、すでに『予測』を超えて、『現実』になりつつあります」。

アップルもスターバックスも税金から逃れる

それら理想的な、ポスト資本主義の社会の概念は、概ね受け入れやすい考え方ではあると思う。だが、それをいかにして実現していくか。特に富める者や企業からの今まで以上の分配への提言に関しては、かなりの困難が予想される。現在の世界において、多国籍企業はより課税の少ない国家や都市を求めて、大胆に国境を越えて移動しているからだ。

この租税回避問題、最近ではアップルの事例が象徴的だ。二〇一三年五月二〇日にアメリカの上院の行政監察小委員会は、アップルが海外子会社などを活用して、巨額の課税逃れを行っていたとする調査報告書を公表。五月二一日の公聴会にティム・クック最高経営責任者（CEO）を呼び、この問題を追及した。報告書によると、アップルは二〇〇九年から一二年に七四〇億ドル（約九兆一二四二億円）の利益を米国から海外に移転した。そのうち四四〇億ドル分（約五兆四二五二億円）について課税を逃れたとし、「アイルランドを実質的なタックスヘヴン（租税回避地）として活用している」と批判した。

またスターバックスも税金問題で集中砲火を浴びた。スターバックスの英国法人は、一九九八年に事業を開始して以来、三〇億ポンド（一ポンド一五〇円として約四五〇〇億円）の売上があったにもかかわらず、法人税の納税額はわずかに八六〇万ポンド（一二億九〇〇〇万円）、利益を計上した年はわずか一年間、という驚くべき実態だった。スターバックス英国法人は、ローストしたコーヒー豆をスイスの同社の関連法人から仕入れている。その価格をいろいろな理由をつけて、市場価格より高く購入すれば、英国法人の利益は圧縮され、スイス法人にその分だけシフトすることになる。さらに英国法人は、オランダの関連法人に、スターバックスの使用する商標や特許、さらには接客マニュアルなどのロイヤリティを払っていた。これは相場があるわけではないので、多めに払えば英国法人の所得は圧縮でき、オランダにシフトされることになる。

巨大企業に対抗する世界国家の構想

これらの事例が示すように、もはや多国籍企業はひとつの国家の課税システムでは把握しきれない規模に達している。では、それら国家の課税から逃げ続ける多国籍企業や資本家から、いかに税金を徴収し、社会全体に再分配するか。

ピケティは世界規模の資本課税が必要だと唱え、水野氏は巨大資本に対抗するための世界国家の必要性を説く。「グローバル資本主義の暴走にブレーキをかけるとしたら、それは世界国家のようなものを想定せざるをえません。金融機関をはじめとした企業があまりにも巨大であるのに対して、現在の国民国家はあまりにも無力です。世界国家、世界政府というものが想定しにくい以上、少なくともG20が連帯して、巨大企業に対抗する必要があります。具体的には法人税の引き下げ競争に歯止めをかけたり、国際的な金融取引に課税するトービン税のような仕組みを導入したりする。そこで徴収した税金は、食料危機や環境危機が起きている地域に還元することで、国境を超えた分配機能を持たせるようにするのがよいと思います」。

超資本主義から超民主主義へ

彼らの説にきわめて近い考えを以前から提唱しているひとりに、フランスの経済学者で歴史学者であるジャック・アタリがいる。サルコジ元フランス大統領のブレーンなどを務めるヨーロッパ最大の知性とも称される彼の著作『21世紀の歴史』(作品社 二〇〇八年)において、彼は多国籍企業が国家を超えた権力を持つ時代の到来を予見する。アタリはそれを「超資本主義」と呼ぶ。学校も警察も軍隊も一部、または全面的に民営化され、国家が関与する領域が限りなく小さくなる世界が来るという。まるでSF小説のような世界観のように思えるが、学校教育の中心が私立となり、民間警備会社や民間軍事会社が表舞台に立っている今のアメリカを見ていると、あながち空想の物語でもないように感じる。

その超資本主義状態で、すべてが市場化され、政治も治安も軍事もお金で買える世界が到来する。しかし、それに対抗する勢力も拡大し、その勢力も国境を超えたネットワークを構築し、世界的な人権の擁護と再分配を目指して積極的な活動を展開し、最後に世界政府を樹立し、超資本主義に歯止めをかけるだろうとアタリは続ける。これが彼の言う「超民主主義」。この予見も、アメリカのみならず、世界中で続々と誕生する環境系NGOやNPO、多国籍企業の活動をウォッチするさまざまな監視団体の広がり、京都議定書で注目を集めたような超国家的な環境規制などの活動を見ていると、これも既に起きている事例でもある。

未来は、利益と人権の激しいせめぎあいの中で、着地点を見つけるのだろう。それがハードランディングなのかソフトランディングなのかはわからない。ただ言えるのは、その着地点に先に到達した国家、都市、企業や社会が、二一世紀においてアドバンテージを持った存在になるはずだ。水野氏も断言する。「近代資本主義の土俵の上で、覇権交替があるとは考えられません。次の覇権は、資本主義とは異なるシステムを構築した国が握ることになります」。

『セックス・アンド・ザ・シティ』という昔話

さて、少し前の世界を思い起こしてみよう。二〇〇八年秋のリーマン・ショック前の世界だ。ニューヨークのウォール街の株価は天井知らずで、先進都市の女性たちが競ってラグジュアリー・ブランドを買っていた世界。その時代の価値観を見事に体現したテレビドラマに『セックス・アンド・ザ・シティ』(一九九八〜二〇〇四年)がある。主人公はニューヨークに住む売れっ子女性コラムニスト、キャリー・ブラッドショウ。彼女の同年代の友人たちもさまざまな悩みを抱えつつも、皆が高収入で、ファッションと外食に明け暮れる。主人公の彼氏〝ビッグ〟はウォール街の金融マン。この映画版(二〇〇八年)でビッグはキャリーにプロポーズする。ビッグはマンハッタンの高級コンドミニアムを購入して、そこで一緒に住もうと提案し、一悶着あった上にふたりは一緒になる。主人公はそのコンドミニアムのクローゼットにお気に入りのマノロ・ブラニクのハイヒールをずらりと並べ、またアラフォー女子のレストランでの女子会は夜な夜な繰り広げられるという話だ。正直言って、知性のかけらもない物語だと思う。

その映画版のプロポーズのやりとりがリーマン・ショック前の価値観を象徴しているので紹介しよう。

キャリー「結婚したいの?」

ビッグ「君とならしてもいい。君はどう？」
キャリー「あなたが望むならしてもいいわ。でも本当に悩んでいるの」
ビッグ「望みは君さ。だから、決まりだ」
キャリー「結婚するってこと？」
ビッグ「ダイヤがいる？」
キャリー「いらないわ……。大きなクローゼットがいい」

モノが幸福の象徴だった時代を代表する会話だ。人間関係の本質には立ち入らず、会話はモノを巡るやりとりで結論を迎える。しかしキャリー役のサラ・ジェシカ・パーカーはドラマと映画の終了後、役の価値観を否定するような発言をしている。ニューヨークの郊外に二〇一〇年に引越しした彼女は、その引越しの理由と新しい住居について『ELLE DECOR』ウェブ版（二〇一〇年五月二四日）で新しい心境を語る。「家は気取ったものにはしたくなかったの。徹底的に快適で本質的なものにしたかった。だから華美なものは一切やめたの」。

さらにあの日々を振り返ってこう述べる。「ドラマの影響で、人々は私のことを究極のナルシストだと思っていたはずよ。でも私は違うし、ドラマは既に終わったの。その日々のことを思うと、少しセンチメンタルにもなるけどね」。

あの物欲の権化と思われたパーカーも、いち早くそこから抜けたのだ。私たちもその時代にセンチメンタルになることなく、抜けだそう。

モノが幸福のシンボルではなくなる時代へ

もはや物が幸福のシンボルではないのだとしたら、幸福を示すものは何になるのだろうか。フランスの記号学者ジャン・ボードリヤールは彼の古典的名著『消費社会の神話と構造』で「消費が万人のものとなった時には、それはもはや何の意味ももたなくなっているかもしれない」と予言した。そしてその言葉が的中しようとしている。

ここで「消費が意味を持たなくなる」であろう、来るべき「物欲なき世界」の概要をまとめてみよう。まず私たちの日常を取り巻く日用品／コモディティは、グローバリゼーションの中でますます低価格化するだろう。一方で高級ブランドは意図的にさらに高級化し、一部の富裕層を除いて人々はそれに対する憧れや渇望を失い、または時代遅れと見なすようになる。またオーダーメイドやハンドメイドはより普及するだろうが、それらは属人性が強すぎるがゆえにその人のブランディングにはあまりならない。そうなると、自分が買うモノがその人を雄弁に語ることが少なくなる。日用品以外の、憧れのある、夢のある消費というものが急激に減る時代で、人々は自分の欲望の再確認を迫られるだろう。

一方で「私（私たち）が欲しいものは、私（私たち）が作る」という考えは、メイカームーブメントの恩恵もあり、ますます定着するだろう。欲しいものは、自ら関わる、作る、交換する。受動的消費から、主体的かつ参加的消費／生産が奨励されるだろう。

市場で求められていくものの価値基準も変わるだろう。新しい、見た目がいい、機能が多い、高級といった価値よりも、関わっている人の顔が見える、信用／信頼出来る、長く使える、公益的といった価値に重きを置かれるようになる。でも、よくよく考えれば、後者の方が極めて本質的な消費だということがわかるはず。私たちは、自ら欲するモノを買っていたのではなく、本来は欲しないモノを半ば恣意的に買わされてきたことにようやく気づいてきたのだ。

二〇世紀後半の高度成長、大量消費・大量生産の時代は、幸福は買い物リストを埋めていくことだった。ラグジュアリーな服、高級車、大型家電、マンションまたは家、さらには別荘と、それらを購入し、買い物リストを埋めていくことが幸福の証とされていた。『セックス・アンド・ザ・シティ』はまさに買い物リストを埋めていくドラマだったと言える。社会学者のジグムント・バウマンは『The Art of Life』(Polity Press 2008／邦題『幸福論――〝生きづらい〟時代の社会学』作品社 二〇〇九年）の中で見事に指摘する。

「モノやサービスを購入することが幸福につながると考えて没入することは、常にお店で消費することを強いられる。このマーケティング至上主義の成功は、逆に悲惨な反動を生み出す。幸福の自己追求は、常に消費し続けることが当たり前かのような最悪の結果を伴うのだ」(筆者訳)。

しかし低成長下、さらには定常型社会に向かう中で、シェアやレンタルが当たり前の「物欲なき世界」に突入し、買い物リストを埋めることに積極的な意味を持たなくなると、幸福のあり方が変わらざるを得ない。そこにおいて幸福は、より個人的で、かつ普遍的な価値を共有出来るものに向かう。つまり個人の思想・心情が強く含まれているが、他者とも価値観を共有出来る「いい物語をもった人生」が最大の幸福になるだろう。

日本の逆説的な優位性

そのような「いい物語をもった人生」を考える上で、日本を代表する物語の作り手の示唆的な言葉がある。インタビュー嫌いで知られる村上春樹の珍しいインタビューをまとめた本『夢を見るために毎朝僕は目覚めるのです　村上春樹インタビュー集一九九七〜二〇一一』(文藝春秋　二〇一二年)の中で、彼は日本のバブル崩壊以降をある種のチャンスと捉えているのだ。

ここ三十年のあいだに日本社会は変わりました。構造や「組織《システム》」は、少なからず弱体化しました。それはかつてはたいへん強固で安定したものでした。しかし、もはやそうではありません。第二次世界大戦が終わったあと、人々は国の再建のために懸命に働き、多くの犠牲をいといませんでした。労働は豊かさをもたらし、豊かさは幸福をもたらす、と考えられていたんです。ナイーブに思えるかもしれませんが、こうした確信を、人々はほんとうに長いあいだもちつづけていました。そう信じていたからこそ、僕の両親の世代や僕自身の世代の人々は、あれほどハードな労働をしてきたんです。そして、「バブル経済」の時代である一九八〇年代に、物質的な快適さをついに手に入れました。僕らは豊かになったんです。ただし、いまだに幸福を見つけられずにいた。僕らはどこかで自分を見失ってしまったと感じており、自分たちの価値や特性をふたたび問いなおさなければなりませんでした。「幸せになること」が、あらたな信仰箇条となったんです。そこに到来したのが不況であり、景気後退は十年以上続いています。思うんですが、ある意味これは、僕らの国にとってむしろ利益になることかもしれない。いま僕たちには、じっくり考える時間があるということですからね。つまり、別の道を見出すための時間が。

デイリーもここ日本の停滞ぶりに関して、逆にポジティヴな見方をする。日本は成長の限界に適応しており、この低成長状態は成長経済の失敗なのではなく、定常経済の成功と見なせるのではと。「日本は成長の限界にうまく適応することに関して、世界の先頭に立っているのです」。

水野氏も同じような見解を示す。「難しい転換期において日本は新しいシステムを生み出すポテンシャルという点で、世界のなかでもっとも優位な立場にあると私は考えています。その理由は、逆説的に聞こえるかもしれませんが、先進国のなかでもっとも早く資本主義の限界に突き当たっているのが、日本だからです」。

酒の代金はロッタへのキス

これからはモノの消費から時間の消費へという説を紹介したが、物欲が減ってくると人々はモノよりもサービスやアクションを欲するようになる。さらにお金が信頼の情報となりつつあるなかで、お金でモノを買うことに幸福感を見出すよりも、信頼でサービスやアクションを買う／共有することに幸福感を見出すようになるはずだ。未来の信頼の交換は、今の私たちが想像する以上の多様性が生まれるだろう。

その信頼の交換の微笑ましいイメージを提示する例に、最近の映画『さよなら、人類』がある。スウェーデンのロイ・アンダーソンが監督し、二〇一四年のヴェネチア映画祭のグランプリを獲得した作品だ。時代設定が現在か近未来か過去かよくわからない情景の中で、ふたりの中年セールスマンを中心としたコミカルでシュールな小話が連結された内容になっている。屋内シーンも屋外に見えるシーンもすべてセットで撮影されており、映像的にはかなり凝った一本となっている。

この映画の中で、ロッタと呼ばれる魅力的な女性バーテンダーがいる酒場では、お金がある者は硬貨で、ない者はロッタへのキスで酒の代金を払うという決まりがある。そこで若者と若き兵隊が列を作って、ロッタに情熱的なキスを続けるというシーンがあるのだ。ロッタはそれら若者のキスを喜んで受け入れ、酒を出す。そのシーンのもたらすえも言えぬ幸福感は、本来、経済は贈与の精神から生まれたとする幾多の文化人類学の説を見事に映像化したかのようだ。

果たして自分は何が欲しいのか？

さまざまな予見を紹介してきたが、資本主義はそう簡単に終息するとは思えない。ただ、その臨界点はかなり視野に入ってきたといえるだろう。だが既存の経済システムの維持を、そして富のさらなる集中化を望む者たちは死に物狂いの延命策を図るだろうから、その延命行為がさらなる社会の軋轢を生むはずだ。日本という国の累積赤字が危険水域に達しているように、資本主義の過剰な格差を生み出す運動も同じように危険水域に達しており、今の経済システムが早晩機能しなくなるのは、もはや自明の理だ。だが次なるシステムへの準備をしないと、すみやかに移行する前に人々も環境もより荒《すさ》んでしまう。ハーマン・デイリーも『エコロジー経済学』の中でこう語っている。「許されないのは、現状維持では何も解決しないことが明らかなときに、座して何もしないことである」。

現在進行中の、そしてさらに顕在化されるであろう「物欲なき世界」は、貧しいわけでも愚かなわけでもない。むしろ今まで以上に本質的な豊かさや知性を感じられる世界になれるはずだ。ただ、「何をもって幸せとするか」を巡る価値観の対立は今まで以上に激しくなるだろう。これまでの見える価値＝経済的価値を信奉する守旧派と、見えない価値＝非経済的価値を提唱する新興勢力とのせめぎ合いはあらゆる局面で顕在化してくるに違いない。

そのような時代の到来の中で、多くの人々はより自問するだろう、「果たして自分は何が欲しいんだろう？」と。それに対する解答を、経済の言葉ではなく語れる人が、来るべき「物欲なき世界」を謳歌できるはずだ。

あとがき
経済の問題が終わった後に

編集者という生業ゆえ、ファッションや映画、音楽、出版業界の人たちと会う機会が多く、それらの業種の人が集まると、「今の若い人はモノを買わない」と嘆くこと甚だしい。しかし、それは日本の若い人だけの特殊な傾向なのだろうかという疑問から、この本の構想は始まった。自分自身もかなりモノを買わなくなってきているし、欧米の大都市を訪れても、繁華街の大型商業施設で大量に買い物をしているのは——今風にいうと「爆買い」か——主に他国からの観光客であって、その都市の住民ではない。このモノを買わない傾向は、先進国の先進都市で一様に起きている現象ではないか、そしてそれは単なる世界的不況とか消費疲れといったネガティヴな現象だけではなくて（もちろんそういう側面はあるだろうが）、先進国ならびに先進都市だからこそ真っ先に突き当たった、次なる社会や体制に脱皮するためのサインなのではないだろうか。

前著『中身化する社会』（星海社新書　二〇一三年）を書き終えた時点（二〇一二年末）でおぼろげながら見えてきた蜃気楼のような像に向かって、来るべき時代精神を編み集めようと、まずはたどたどしく歩いてみることにしてみた。近づけばより何かが見えて来ることを信じて。そしてそれは全力で近づこうとすると、より鮮明に見えてきた。まるで映画『アラビアのロレンス』でロレンス大佐が茫漠たる砂漠の蜃気楼の中から、部下のアラブ人の少年を見つけ出したように。

本書もたくさんの人々の協力で成り立った。まずはこの本の第一章から第三章は、ファッション・ニュース・サイト「MODE PRESS」(AFPBB News／株式会社クリエイティヴ・リンク)に掲載した私の連載「ライフスタイル・フォー・セール」(二〇一三〜二〇一四年)をベースに大幅に加筆修正したものだ。第四章以降は書き下ろしとなる。連載を担当した「MODE PRESS」の岩田奈那編集長に最大級の感謝を。前著も「MODE PRESS」の連載から生まれたもの。この予測不可能な連載を許容していただいた岩田さんの豪胆な采配に改めて感謝したい。毎年訪れるニューヨーク滞在でいつもお世話になっているニューヨーク在住の濱野祥一さん&律子さん夫妻にも感謝を。彼らからニューヨークの人々の生活感の変化を事細かく伺うことが出来た。そして私をポートランドに誘ってくれた写真家のパーカー・フィッツジェラルド。パーカーは今のアメリカの良質な時代精神の体現者だ。また別のプロジェクトで取材したジャック・アタリ氏の示唆的な発言にも多大な影響を受けた。その仲介をしていただいた作品社の内田眞人氏と翻訳家の林昌宏氏も含めて感謝を。そして事務所の優秀な現在と過去のアシスタントたちにも感謝を。高木望、野本めぐみ、野村隆文、ジョイス・ラム、ジェイムス・コリンズ、ローレン・ポラック、志田雅美、イサリー〝エイミー〟・ウィチェンネート、坂雄史、小川未来、山口祐加、白石彩乃、小山薫――彼らの的確な調査力、取材力、交渉能力ならびにサポートがなければ、この本はまったく成立しえなかった。この本はチーム・ワークの賜だ。そして妻のはるみに。本書の多くのインスピレーションは妻との会話から得ている。また彼女が献身的にこの二年間、執筆を最優先した環境を作ってくれた。三越前のカフェ・ビィオットと下北沢のカフェ・ジンクにも、居心地良いテーブルを長時間占拠して、多くの資料読みと執筆に使わせていただいたことへの感謝を記したい。

平凡社の西田裕一さんが常に的確な指摘をしてくれ、粘り強くこの本を導いてくれた。素晴らしいブックデザインはグルーヴィジョンズによるもの。私の『はじめての編集』や他の編集物でも大変お世話になっているが、今回も私の難儀な注文を見事に結実してくれた。

そして何より取材に協力してくれた大勢の方々に感謝を。本来は一年前に出るはずの予定が、単に私の怠惰さゆえここまで延びてしまい、申し訳ない気持ちで一杯だ。

さて、このあとがきを書いている最中に世界の株式市場が激しく乱高下し、資本主義の先行きを危ぶむ声がまた一段と高まってきた。ジャック・アタリは二一世紀後半に超資本主義から超紛争という状態を経て超民主主義に移行すると予言し、水野和夫氏は二〇二〇年代に資本主義は終わると予想する。私に資本主義がいつ終わるか断言する能力はないが、ひとつだけ確実に言えるのは、私たちの孫世代は、「かつて資本主義というのがあった」という話をすることになるだろうということだ。そして彼らは『セックス・アンド・ザ・シティ』の主人公たちのブランド品への狂おしい執着をさっぱり理解出来なくなるに違いない。「爆買い」という言葉の意味も心理もわからないはずだ。

前著ではソーシャル・メディアによる急激な可視化の進行は——それを私は「中身化」と呼んだ——問題を含みながらも人々が世界を認識するレベルが新たな次元に移りつつあることを描いた。この本で描いた物欲なき世界の進行は、これも多くの問題を伴いながらも、ひとつの社会の進化だと私は捉えている。賢く倫理的な消費、買うことから作ることとの復権、他者との幅広い共有、お金の再定義、経済的な数値だけでない価値への尊重など、今さまざまな領域で同時多発的に起きている事象は、人々が次なる考え方、体制に移行する前兆だろう。

ただ、残念ながら物事はそんなにスムーズに移行しない。二度の世界大戦があったがゆえに、人類の存亡をかけて国際連盟と国際連合という組織が誕生したように、人間は大きな悲劇がないと真剣に平和や調和を求めない。資本主義の断末魔は相当なしぶとさを持って過剰な消費を押し進めようとするだろうから、ハードランディングで物欲なき世界に至るのか、ソフトランディングで至るのかは予測出来ない。世界が新しい体制に移るまでに、幾多の悲劇と喜劇が起きるだろう。そして経済が人類最大の問題であることが終わるのは、新たな問題を生むことにもなる。それは「いかに生きるか」を常に考えなければいけないという問題だ。

近代経済学の祖である経済学者ジョン・メイナード・ケインズは、一九三〇年に発表した論文「孫の世代の経済的可能性」(『ケインズ説得論集』より。日本経済新聞出版社 二〇一〇年)で彼にとって孫の世代が直面する百年後の世界を見事に予想している。

ケインズは、これから大きな戦争がなく、人口の極端な増加がなければ、百年以内に経済的な問題が解決するか、少なくとも近く解決するだろうと予測する。つまりこれは経済的な問題が人類にとって永遠の問題ではないことを意味する。

したがって、天地創造以来初めて、人類はまともな問題、永遠の問題に直面することになるという。切迫した経済的な必要から自由になった状態をいかに使い、今後に獲得できるはずの余暇をいかに使って、賢明に、快適に、裕福に暮らしていくべきなのかという問題が生まれると。人々はみな経済的に裕福になるかもしれないが、経済的な必要から自由になったとき、豊かさを楽しむことができるのは、生活を楽しむ術を維持し洗練させて完璧に近づけていく人、そして生活の手段にすぎないものに自分を売り渡さない人だろうと彼は指摘する。

しかし、余暇が十分にある豊かな時代がくると考えたとき、恐怖心を抱かない国や人はないだろうと彼は続ける。なぜなら人々はみな長年にわたって、懸命に努力するようにしつけられてきたのであり、楽しむようには育てられていないからだ。とくに才能があるわけではない平凡な人間にとって、暇な時間をどう使うのかは恐ろしい問題になる。伝統的な社会の土地や習慣、大切なしきたりとの関係が切れていれば、なおさら恐ろしい問題になる。世界の裕福な階級がどのように行動し、何を達成しているのかをみれば、見通しは暗いといわざるをえないという。彼によると、裕福な階級はいうならば時代の前衛であり、後続の人々のために約束の地の情報を集めようとキャンプを張っているのだと。そして、この階級の多くの人々、つまり独立した所得があるが、所属する組織や義務や義理がない人のほとんどは、課された問題の解決に惨めな失敗を重ねていると彼は判定するのだ。

だがケインズは最後に希望を持って締める。「もう少し経験を積めば、新たに確認された自然の恵みを、現在、金持ちが使っているのとはまったく違う方法で使うようになり、金持ちとはまったく違う計画を自分たちのために立てるようになると、私は確信している」。

ケインズは恐ろしく的確に二一世紀の社会のあり方を予言している。経済の問題が終わった後、人々は永遠の、そして根源的な問題といかに対処すべきかと。彼がポジティヴな確信をもってその論をまとめているように、私も二一世紀の人々がケインズの予言から八五年間の「経験と学習を積んで」、今までと「まったく違う方法と計画」を立てつつあると感じている。そして、この人類史的な転換期に立ち会えていることを私は喜びたい。さらに、世界各地の次なる生き方を真剣に模索している人々と出会えたことを幸せに思う。世界にはたくさんの希望がある。そして人間はまだまだ賢い。それがこの二年半の物欲を巡る旅で得た、ささやかながらも確かな実感だ。

菅付雅信

二〇一五年八月某日

菅付雅信（すがつけ まさのぶ）
編集者、グーテンベルクオーケストラ代表取締役。1964年宮崎県宮崎市生まれ。法政大学経済学部中退。『月刊カドカワ』『カット』『エスクァイア 日本版』編集部を経て独立。『コンポジット』『インビテーション』『エココロ』の編集長も務め、出版からウェブ、広告、CIまでを編集し、企業のプランニングも行う。書籍では「アイデアインク」シリーズ（朝日出版社）、アート文庫シリーズ「ヴァガボンズ・スタンダート」（平凡社）を編集。著書に『東京の編集』（ピエ・ブックス）、『はじめての編集』（アルテスパブリッシング）、『中身化する社会』（星海社新書）などがある。下北沢B&Bにて「編集スパルタ塾」を開講中。多摩美術大学非常勤講師として「コミュニケーションデザイン論」を担当。
http://www.gutenbergorchestra.com

物欲《ぶつよく》なき世界《せかい》

発行日　2015年11月2日　初版第1刷
　　　　2016年2月4日　初版第4刷
著　者　菅付雅信
発行者　西田裕一
発行所　株式会社 平凡社
　　　　東京都千代田区神田神保町3-29
　　　　〒101-0051　振替 00180-0-29639
　　　　電話 03（3230）6582［編集］　03（3230）6572［営業］
　　　　ホームページ http://www.heibonsha.co.jp/
装　幀　グルーヴィジョンズ
印　刷　株式会社東京印書館
製　本　大口製本印刷株式会社

ISBN978-4-582-82481-0　NDC分類番号675
四六判（18.8 cm）　総ページ256